交通运输科技丛书·公路基础设施建设与养护
交通运输重大科技创新成果库入库成果

The Expressway Construction Investment and
Expanded Road Economy Development

高速公路建设投资及路衍经济开发

褚春超　王海霞　赵新惠　刘　洋　徐　婧　等著

人民交通出版社股份有限公司
北京

内容提要

本书梳理了我国高速公路发展基础与特征，系统剖析了高速公路投资情况与发展形势，阐述了高速公路收费与经营管理情况，从高速公路规划与实施、投资影响因素与机会识别、重点区域规划与投资政策、投资重点等方面明确高速公路投资识别与重点，进而从投资模式、投资风险与控制、投资时机与关键环节等角度提出了高速公路投资模式与策略，并针对路衍经济开发，从赋能经济、融合经济、新兴经济、资源经济等维度提出实施路衍经济综合开发的建议。

本书可供交通运输行业的管理者、研究人员和从业人员学习与参考。

图书在版编目(CIP)数据

高速公路建设投资及路衍经济开发／褚春超等著．— 北京：人民交通出版社股份有限公司，2023.4
ISBN 978-7-114-18527-4

Ⅰ.①高… Ⅱ.①褚… Ⅲ.①高速公路—道路建设—投资—研究—中国 Ⅳ.①F542.3

中国国家版本馆 CIP 数据核字(2023)第 006630 号

Gaosu Gonglu Jianshe Touzi ji Luyan Jingji Kaifa

书　　名：	高速公路建设投资及路衍经济开发
著 作 者：	褚春超　王海霞　赵新惠　刘　洋　徐　婧　等
责任编辑：	刘　彤　牛家鸣
文字编辑：	闫吉维
责任校对：	赵媛媛
责任印制：	张　凯
出版发行：	人民交通出版社股份有限公司
地　　址：	(100011)北京市朝阳区安定门外外馆斜街 3 号
网　　址：	http：//www.ccpcl.com.cn
销售电话：	(010)59757973
总 经 销：	人民交通出版社股份有限公司发行部
经　　销：	各地新华书店
印　　刷：	北京市密东印刷有限公司
开　　本：	787×1092　1/16
印　　张：	9.5
字　　数：	161 千
版　　次：	2023 年 4 月　第 1 版
印　　次：	2023 年 4 月　第 1 次印刷
书　　号：	ISBN 978-7-114-18527-4
定　　价：	90.00 元

(有印刷、装订质量问题的图书，由本公司负责调换)

交通运输科技丛书

编审委员会
（委员排名不分先后）

顾　　问：王志清　汪　洋　姜明宝　李天碧
主　　任：庞　松
副 主 任：洪晓枫　林　强
委　　员：石宝林　张劲泉　赵之忠　关昌余　张华庆
　　　　　郑健龙　沙爱民　唐伯明　孙玉清　费维军
　　　　　王　炜　孙立军　蒋树屏　韩　敏　张喜刚
　　　　　吴　澎　刘怀汉　汪双杰　廖朝华　金　凌
　　　　　李爱民　曹　迪　田俊峰　苏权科　严云福

《高速公路建设投资及路衍经济开发》

编 写 组

主　　编：褚春超　　王海霞　　赵新惠　　刘　洋
　　　　　徐　婧
成　　员：翁燕珍　　高爱颖　　王海洋　　陈建军
　　　　　王文宇　　葛灵志　　邹光华　　蒋桂芹
　　　　　姚春宇　　宋　嘉　　孔令童　　陈继园
　　　　　熊才启

GENERAL ORDER 总　　序

　　科技是国家强盛之基，创新是民族进步之魂。中华民族正处在全面建成小康社会的决胜阶段，比以往任何时候都更加需要强大的科技创新力量。党的十八大以来，以习近平同志为核心的党中央做出了实施创新驱动发展战略的重大部署。党的十八届五中全会提出必须牢固树立并切实贯彻创新、协调、绿色、开放、共享的发展理念，进一步发挥科技创新在全面创新中的引领作用。在最近召开的全国科技创新大会上，习近平总书记指出要在我国发展新的历史起点上，把科技创新摆在更加重要的位置，吹响了建设世界科技强国的号角。大会强调，实现"两个一百年"奋斗目标，实现中华民族伟大复兴的中国梦，必须坚持走中国特色自主创新道路，面向世界科技前沿、面向经济主战场、面向国家重大需求。这是党中央综合分析国内外大势、立足我国发展全局提出的重大战略目标和战略部署，为加快推进我国科技创新指明了战略方向。

　　科技创新为我国交通运输事业发展提供了不竭的动力。交通运输部党组坚决贯彻落实中央战略部署，将科技创新摆在交通运输现代化建设全局的突出位置，坚持面向需求、面向世界、面向未来，把智慧交通建设作为主战场，深入实施创新驱动发展战略，以科技创新引领交通运输的全面创新。通过全行业广大科研工作者长期不懈的努力，交通运输科技创新取得了重大进展与突出成效，在黄金水道能力提升、跨海集群工程建设、沥青路面新材料、智能化水面溢油处置、饱和潜水成套技术等方面取得了一系列具有国际领先水平的重大成果，培养了一批高素质的科技创新人才，支撑了行业持续快速发展。同时，通过科技示范工程、科技成果推广计划、专项行动计划、科技成果推广目录等，推广应用了千余项科研成果，有力促进了科研向现实生产力转化。组织出版"交通运输建设科技丛书",是推进科技成果公开、加强科技成果推广应用的一项重要举措。"十二五"期间,该丛书共出版72册,全部列入"十二五"国家重点图书出版规划项目,其中12册获得国家出版基金支持,6册获中华优秀出版物奖图书提名奖,行业影响力和社会知名度不断扩大,逐渐成为交通运输高端学术交流和科技成果公开的重要平台。

"十三五"时期,交通运输改革发展任务更加艰巨繁重,政策制定、基础设施建设、运输管理等领域更加迫切需要科技创新提供有力支撑。为适应形势变化的需要,在以往工作的基础上,我们将组织出版"交通运输科技丛书",其覆盖内容由建设技术扩展到交通运输科学技术各领域,汇集交通运输行业高水平的学术专著,及时集中展示交通运输重大科技成果,将对提升交通运输决策管理水平、促进高层次学术交流、技术传播和专业人才培养发挥积极作用。

当前,全党全国各族人民正在为全面建成小康社会、实现中华民族伟大复兴的中国梦而团结奋斗。交通运输肩负着经济社会发展先行官的政治使命和重大任务,并力争在第二个百年目标实现之前建成世界交通强国,我们迫切需要以科技创新推动转型升级。创新的事业呼唤创新的人才。希望广大科技工作者牢牢抓住科技创新的重要历史机遇,紧密结合交通运输发展的中心任务,锐意进取、锐意创新,以科技创新的丰硕成果为建设综合交通、智慧交通、绿色交通、平安交通贡献新的更大的力量!

2016年6月24日

PREFACE 前　言

交通运输业是经济社会发展的基础性、先导性、战略性产业，对支撑和引领经济社会发展、促进区域协调发展、推动产业结构调整、带动社会进步具有重要意义。新时代，交通运输业迈入基础设施发展和服务水平提高与转型发展的黄金时期，党和国家赋予了行业加快建设交通强国的历史使命，面对人民日益增长的美好生活需要，交通运输业迫切需要加快由高速度增长向高质量发展转变、由传统要素驱动向创新驱动转变、由注重供给能力向注重供给效益转变，实现更高质量、更有效率、更可持续发展。高速公路是现代化基础设施的重要组成部分，应紧紧抓住建设发展黄金期，准确把握国家高速公路投资环境和政策趋势，科学研判参与高速公路投资面临的政策与项目风险，厘清投资目标，找准投资重点，积极扩大有效投资。此外，考虑到高速公路项目除了提供通行服务主功能外，还兼备经营、信息、宣传、服务和文化传播等功能，在谋划高速公路主营业务投资的同时，应统筹高速公路路衍经济业务开发，形成收费业务和衍生业务良性互动格局，进一步提升高速公路投资的组合效益。

本书共分八章。第一章绪论，包括研究背景、文献综述、研究内容；第二章从经济发展基础、高速公路发展阶段特征、公路交通运输发展趋势等方面，分析我国高速公路发展基础与特征；第三章从公路建设投资现状与特征、高速公路投资政策环境、收费公路政策调整及趋势研判等方面，剖析新时期我国高速公路建设与投资发展形势;第四章从收费公路发展现状、建设与经营情况、管理体制机制等方面,阐述高速公路收费与经营管理;第五章从规划与实施情况、投资影响因素、重点区域规划与投资政策、投资重点等方面,进行高速公路投资重点识别;第六章从投资模式、投资风险与控制、投资时机关键环节等方面,提出高速公路投资模式与策略;第七章明确高速公路路衍经济开发内涵与分类,梳理综合开发实践;第八章从赋能经济、融合经济、新兴经济、资源经济等维度,提出实施路衍经济开发的模式与实施路径。

  本书的编写得到了从事这一领域研究的诸多领导和同事的支持帮助,在此一并致谢,衷心感谢大家的关心支持!

  由于作者水平有限,书中疏漏和不足之处在所难免,欢迎读者提出批评和修改意见。

作　者

2023 年 1 月

CONTENTS 目 录

第一章 绪论

第一节 研究背景 ……………………………………………………… 002
第二节 文献综述 ……………………………………………………… 003
第三节 研究内容 ……………………………………………………… 005

第二章 我国高速公路发展基础与特征

第一节 经济发展基础 ………………………………………………… 010
第二节 高速公路发展阶段特征 ……………………………………… 012
第三节 公路交通运输发展趋势 ……………………………………… 017

第三章 新时期我国高速公路建设与投资发展形势

第一节 公路建设投资现状与特征 …………………………………… 022
第二节 高速公路投资政策环境 ……………………………………… 026
第三节 收费公路政策调整及趋势研判 ……………………………… 032

第四章 高速公路收费与经营管理

第一节 收费公路发展现状 …………………………………………… 038

第二节　收费公路建设与经营 …… 040

第三节　收费公路管理体制机制 …… 043

第五章　高速公路投资识别与重点

第一节　高速公路规划与实施情况 …… 048

第二节　高速公路投资影响因素识别 …… 051

第三节　重点区域规划与投资政策 …… 059

第四节　投资重点分析 …… 072

第六章　高速公路投资模式与策略分析

第一节　高速公路投资模式分析 …… 074

第二节　高速公路项目投资风险与控制 …… 080

第三节　高速公路投资策略分析 …… 085

第七章　高速公路路衍经济开发内涵及实践

第一节　路衍经济内涵与分类 …… 094

第二节　路衍经济开发实践 …… 096

第八章　路衍经济综合开发模式与实施路径

第一节　赋能经济 …… 118

第二节　融合经济 …… 121

第三节　新兴经济 …… 127

第四节　资源经济 …… 130

参考文献

CHAPTER ONE 第一章

绪论

第一节 研究背景

交通运输是国民经济中具有基础性、先导性、战略性的产业，是重要的服务性行业，是畅通国内国际双循环的重要纽带，是构建新发展格局的战略支撑，是社会进步的重要保障和标志。高速公路作为现代化的交通基础设施，以其大流量、高速度、强辐射等显著特点，成为促进区域发展、推动结构调整、带动社会进步的重要支撑力量。1988 年，我国第一条高速公路沪嘉高速公路建成通车，结束了中国大陆没有高速公路的历史。2012 年年底，我国高速公路通车总里程达到 9.6 万公里，首次超越美国跃居世界第一。2021 年底，我国高速公路通车总里程达到 16.91 万公里，规模稳居世界第一。30 多年来，我国高速公路从无到有，取得了巨大成就，基本形成了顺畅通达的高速公路网络骨架，建成了全球最大的高速公路网，取得了举世瞩目的成就，为经济健康运行和社会全面发展提供了重要支撑。

当前和今后一个时期，我国发展仍然处于重要战略机遇期，但机遇和挑战都有新的发展变化，总体上机遇大于挑战。我国已开启全面建设社会主义现代化国家新征程，转向高质量发展阶段，区域经济布局、国土开发格局、消费需求特征、要素供给模式、国家治理体系等将发生深刻变化，对公路交通发展提出新要求。构建新发展格局，坚持扩大内需战略基点，要求继续发挥公路交通先行引领和基础保障作用；深入实施创新驱动发展战略，塑造高质量发展新优势，要求加快培育公路交通发展新动能；服务区域协调发展，支撑国家重大战略实施，要求公路交通进一步提高供给有效性和适配性；增进民生福祉，满足人民群众对美好生活的需要，要求提供更高品质的公路出行服务；统筹发展和安全，构建生态文明体系，要求公路交通更加注重安全保障和绿色发展。

党的十九大，以习近平同志为核心的党中央作出建设交通强国的重大决策部署，这是新时代交通人的新使命。2019 年 9 月，中共中央、国务院印发了《交通强国建设纲要》，部署加快建设交通强国，为高速公路建设注入了更为强劲的动力。2021 年 2 月出台的《国家综合立体交通网规划纲要》，规划国家高速公路网 16 万公里左右，明确提出到 2035 年基本实现全国县级行政中心 30 分钟上高速公路。公路交通作为交通强国建设的重要组成部分，当前和未来一段时期内，将处于转型发展的黄金期，建设发展任务仍艰巨繁重，资金需求量大。

与此同时，随着国家财税体制改革和财政事权与支出责任划分改革的不断深化以及交通运输行业的转型发展,交通运输建设投融资环境发生了深刻变化,减税降费政策的实施,使得各级财政投入到交通的资金较为有限;过去传统融资模式逐步被叫停,政府举债全部纳入政府债券发行渠道,但又面临着地方政府收费公路专项债券和一般债券规模不足的情况;当前公路网已基本成型,行业由大建设、大发展阶段逐步向建管养运并重转型,新建高速公路逐步向偏远山区发展,建设成本高(根据2020年交通智库蓝皮书,预计2025年高速公路建设单公里造价将高达1.8亿元/公里),运营期收益有限,往往社会效益显著、经济效益较差,政府和社会资本合作模式(PPP模式)和政府投资基金政策趋于收紧,社会资本投资回报率要求高与新建项目经济效益普遍较差矛盾突出;加之,经过持续多年的快速发展,高速公路行业债务风险不断累积,收支缺口逐年增大。2020年度,全国收费公路收支平衡结果为-7478.2亿元;收费公路债务余额持续上升,2020年年末,全国收费公路债务余额70661亿元,比上年末净增9126亿元,增长14.8%。

综上所述,新时代,交通运输业迈入基础设施发展和服务水平提高与转型发展的黄金时期,党和国家赋予了行业加快交通强国建设历史使命,面对人民日益增长的美好生活需要,交通运输业迫切需要加快由高速度增长向高质量发展转变、由传统要素驱动向创新驱动转变、由注重供给能力向注重供给效益转变,实现更高质量、更有效率、更可持续发展。高速公路作为现代化基础设施的重要组成部分,迫切需要紧紧抓住建设发展黄金期,准确把握国家高速公路投资环境和政策趋势,科学研判参与高速公路投资面临的政策与项目风险,厘清投资目标,找准投资重点,积极扩大有效投资;此外,考虑到高速公路项目除了提供通行服务主功能外,还兼备经营、信息、宣传、服务和文化传播等功能,在谋划高速公路主营业务投资同时,应统筹高速公路路衍经济业务开发,形成收费业务和衍生业务良性互动格局,进一步提升高速公路投资的组合效益。

第二节 文献综述

目前,对于高速公路建设投资策略和路衍经济方面尚缺乏系统研究,相关领域研究报道情况如下:

在投资风险评价方面:张星等针对高速公路特许经营项目,定性地将风险划分为市场变化不确定风险、投资环境风险、资金流风险、融资结构风险以及政府担保力度风险。贾元华等结合我国高速公路投资风险的特点,对我国收费高速公路风险评估中存在的问题进行了分析,综合运用层次分析方法和模糊综合评价方法,建立了高速公路投资风险的模糊综合评估模型，并将该模型成功运用于京沈高速公路天津段等的风险评估。王作功等指出了我国高速公路存在着运行效率低下、收费标准较高、管理混乱、投资成本居高不下、财务状况难以为继等问题，运用模糊综合评价法建立了收费高速公路投资评价模型。曾民在研究特许经营投资类的高速公路项目时，采用定性研究的方法，将影响高速公路项目投资风险分为五类。张卫军、葛折圣以广州市增从高速公路的投资风险评价为例，分析了财务内部收益率的主要影响因素，提出了提高财务内部收益率的主要措施。

在投资决策方面：蒋绍云对高速公路项目投资决策要点进行了研究，总结了建设和运营过程中存在的主要问题及成功经验，并应用现代营销中理论，论述了高速公路工程可行性研究中最值得关注的决策要素分析方法：项目交通量分析与预测和财务成本控制与效益分析。曹等胜对高速公路PPP项目社会资本方投资决策进行了研究，构建了高速公路PPP项目投资决策指标体系，指标体系由政府因素、项目因素、企业因素、融资因素4个一级指标构成，对指标赋权评价方法和项目投资决策方法进行选择，构建了基于优序—灰色关联法的高速公路PPP项目社会资本方投资决策应用模型。

在路衍经济开发方面：目前，国内学者对高速公路路衍经济综合开发开展了一定的探索性研究。早期对路衍经济开发的研究相对较窄，主要集中在服务区、土地等的开发上。近年来，随着沿线资源的不断挖掘，对路衍经济的研究思路也更为开阔。付大恭在此基础上做了进一步解释，认为高速公路衍生产业一般由与高速公路建设发展相关的产品和服务在价值链上活动的产业带构成。李茜认为高速公路衍生产业是分布在道路两侧，直接受益于高速公路的商业和服务，主要包括服务区、广告和加油站等。刘宇春将其定义为高速公路经营公司经营的，主营业务以外的以高速公路为依托的产业，包括旅游业、房地产、广告业等。李沁芸将高速公路衍生产业定义为：以高速公路为依托的，由高速公路运营公司经营的主营业务以外的其他相关产业，包括旅游产业、服务区产业、物流产业等。根据衍生产业服务功能的差异可以进一步将其划分为服务区产业和非服务区产业。

我国对于路衍经济商业模式的相关研究出现在2000年以后，当时的研究较多集中在服务区的经营方面。徐兴爱等深入分析了服务区经营存在的问题，结合高速公路服务区的特点提出了一系列经营管理优化措施。李燕玲研究表明，要提高服务区的社会效益和经济效益必须加强服务区的人员管理和安全保障，提高整体服务质量，加强品牌建设，使服务区的资源优势得到最大化的利用。司应科结合甘肃省高速公路服务区的经营现状提出了连锁经营的发展模式。2010年以后，国内学者渐渐对高速公路的商业模式展开了研究，沈雪梅从旅游需求分析和发展地区经济的角度出发，分析了我国高速公路观光休闲园区的发展模式、开发要求和经营理念等问题。唐军提出在全面开发路衍经济战略的前提下,综合利用全省服务区的优势打造全新的功能服务模式,从服务区的发展规划、服务内涵、服务类型等方面提出了提升路径。谢家清认为高速公路经营公司可以运用互联网思维,将用户资源、资源优势、资金需求等信息整合起来,形成整合效应。朱心齐深入分析了河南高速公路服务区的经营管理,结合国家对服务区的新要求,探讨了管理模式和管理效果之间的关联性,提出了一系列促进服务区管理变革的措施。王海霞、褚春超等对路衍经济的开发总体思路、开发内容及政策建议进行了探讨,提出了推动实施高速公路与旅游融合、物流融合等建议。吴东平、何冬梅等对路衍经济产业模式和投资模式进行了研究,提出开放式服务区、高速+物流园区、高速+旅游等三种产业模式以及与之相对应的经济投资模式。陈建军、王霄汉以内蒙古地区为例对路衍经济的差异化开发进行了探索。

可见,改革开放以来,高速公路建设一直是我国交通基础设施建设的重要领域。多年来研究高速公路建设的工程技术文献较多,关注高速公路建设经济性的研究偏少。新时期高质量发展对高速公路未来发展提出了新要求,即在重视工程技术的同时,应更加注重高速公路建设的投资模式、投资效益和投资风险,更加注重高速公路路衍经济的开发,关注高速公路建设的综合效益,进而提升高速公路投资决策的科学性和总体经济效益。

第三节 研究内容

本书采用定性和定量相结合、理论研究与实务分析相结合、政策分析与文献梳理相结合、专家咨询与实践调查相结合的方法开展研究,技术路线图如图1-1所示。

研究主要内容包括:

绪论。包括研究背景、研究文献综述、研究内容与方法、技术路线。

我国高速公路发展基础与特征。从经济增速、综合国力、国际影响力等方面分析了经济发展基础;分析了高速公路发展阶段特征,包括高速公路发展地位依然突出、保持适度超前发展、公路养护效能仍将持续提升等;从综合交通运输体系加速现代化、运输服务愈加便捷顺畅经济高效、公路交通迎来高质量发展关键期等方面剖析了公路交通运输发展趋势。

新时期我国高速公路建设与投资发展形势。分析了公路建设投资现状与特征,如全社会固定资产投资增长放缓、公路建设投资强度保持较高水平等;从社会资本投资政策环境、大力推广政府与社会资本合作模式、国家规范投融资行为等方面分析了高速公路投资政策环境;从最新收费公路政策、调整趋势等方面分析了收费公路政策环境。

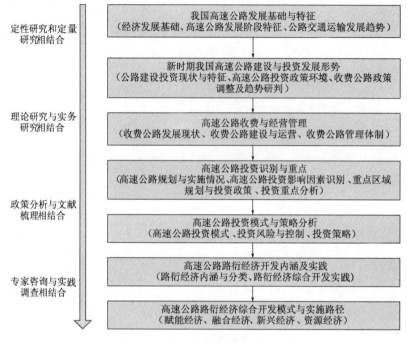

图 1-1　技术路线图

高速公路收费与经营管理。从建设投资、收费规模与结构、收费站情况等方面分析了收费公路发展现状;从建设成本、养护与管理成本、通行费收支等方面分析了收费公路建设与运营情况;从发展历程、发展现状等方面分析了收费公路管理体制机制。

高速公路投资识别与重点。分析了高速公路规划与建设实施情况;提出了高速公路投资影响因素,包括区域战略地位、区域经济发展、沿线资源优势、相关政策支持、路网格局等;从发展战略与交通规划、高速公路发展规划、投融资政策等方面分析了重点区域规划与投资政策;提出了高速公路投资重点。

高速公路投资模式与策略分析。分析了高速公路投资模式,包括 PPP 模式、收费公路权益转让模式;分析了高速公路的投资风险,包括综合性政策风险、建设期风险、运营期风险、其他风险,并提出了管控建议;从投资模式、投资时机、关键环节把握等方面分析了高速公路投资策略。

高速公路路衍经济开发内涵及实践。提出了路衍经济内涵、分类、开发意义;从综合商体、广告业务、"交通 + 产业"融合发展、智慧公路、ETC 数据开发、沿线资源开发等方面梳理了路衍经济开发实践。

  路衍经济综合开发模式与实施路径。针对高速公路点多、线长、面广的特点,结合高速公路路衍经济业务发展现状及未来发展趋势,根据实施地点不同,提出了高速公路路衍经济业务框架二维分类表,包括赋能经济、融合经济、新兴经济、资源经济等维度;提出了综合商体开发、广告业务开发等赋能经济,公路与旅游业融合发展、公路与物流融合发展、公路与能源融合发展等融合经济,智慧公路、ETC 数据开发等新兴经济,高速公路沿线土地资源、管线资源、空间场地资源、林牧业资源等资源经济的开发模式与实施路径。

CHAPTER TWO 第二章

我国高速公路发展基础与特征

第一节　经济发展基础

"十三五"时期是全面建成小康社会的关键期,经济发展全面进入新常态,各项改革事业进入攻坚期。面对严峻复杂的国际形势、艰巨繁重的国内改革发展稳定任务,各地区各部门坚持以习近平新时代中国特色社会主义思想为指导,全面贯彻落实党的十九大和十九届历次全会精神,按照党中央、国务院决策部署,坚持高质量发展方向不动摇,统筹疫情防控和经济社会发展,扎实做好"六稳"工作,全面落实"六保"任务,脱贫攻坚战取得全面胜利,决胜全面建成小康社会取得决定性成就。

一、经济增速名列前茅

作为全面建成小康社会和"十三五"规划收官之年的2020年,我国经济总量突破百万亿大关,全年国内生产总值(GDP)比上年增长2.3%,是全球唯一实现经济正增长的主要经济体。按年平均汇率折算,2020年我国经济总量占世界经济的比重超过17%,成为推动全球经济复苏的主要力量。

2021年,我国沉着应对百年变局和世纪疫情,构建新发展格局迈出新步伐,高质量发展取得新成效,实现了"十四五"良好开局。我国经济发展继续保持全球领先地位,全年国内生产总值1143670亿元,比上年增长8.1%,两年平均增长5.1%,在全球主要经济体中名列前茅。其中,第一产业增加值83086亿元,比上年增长7.1%;第二产业增加值450904亿元,增长8.2%;第三产业增加值609680亿元,增长8.2%。第一产业增加值占国内生产总值比重为7.3%,第二产业增加值比重为39.4%,第三产业增加值比重为53.3%。全年最终消费支出拉动国内生产总值增长5.3个百分点,资本形成总额拉动国内生产总值增长1.1个百分点,货物和服务净出口拉动国内生产总值增长1.7个百分点。全年人均国内生产总值80976元,比上年增长8.0%。国民总收入1133518亿元,比上年增长7.9%。全员劳动生产率为146380元/人,比上年提高8.7%。

二、综合国力显著提升

我国的需求结构继续改善,内需对经济增长的贡献占主导。2021年,我国内需对经济增长贡献率为79.1%,其中最终消费支出贡献率为65.4%,比资本形成总额高51.7个百分点。同时,我国消费结构也持续升级。2021年,全国居民恩格尔系数为29.8%,比上年下降0.4个百分点;居民人均服务性消费支出比上年增长17.8%,占居民人均消费支出比重为44.2%,比上年提高1.6个百分点。短板弱项领域投资得到加强。2021年高技术产业、社会领域投资分别比上年增长17.1%、10.7%。

我国基础前沿领域取得重大原创成果。2021年,祖冲之二号、九章二号成功研制,在超导量子和光量子两种物理体系上实现量子计算优越性。战略高科技取得新进展,"天问一号"开启火星之旅,"羲和号"实现太阳探测零的突破,"神舟十三号"与"天和"核心舱成功对接,"海斗一号"全海深潜水器打破多项世界纪录。2021年我国国家创新能力综合排名上升至世界第12位。

我国产业发展韧性彰显,主要工业产品产量稳居世界首位。2021年,我国微型计算机、手机、汽车、钢材产量分别达4.7亿台、16.6亿台、2653万辆、13.4亿吨,继续保持世界第一。

党的十九届六中全会指出,在经济建设上,我国经济发展平衡性、协调性、可持续性明显增强,国家经济实力、科技实力、综合国力跃上新台阶,我国经济迈上更高质量、更有效率、更加公平、更可持续、更为安全的发展之路。

三、国际影响力持续扩大

自2006年起,我国已经连续15年成为世界经济增长的最大贡献国,多年来对世界经济增长贡献率超过30%。我国GDP自2010年首超日本以来,一直稳居全球第二位。2021年,按年平均汇率折算,我国经济总量达到17.7万亿美元,占世界经济的比重达到18.5%,对世界经济增长的贡献率达到25%左右,稳居世界第二大经济体。人均GDP达到80976元,按年平均汇率折算达12551美元,超过世界人均GDP水平。

2021年,我国实现进出口总额6.05万亿美元,其中,出口总额为3.36万亿美元,同比增长29.9%;进口总额为2.69万亿美元,同比增长30.1%;贸易顺差6764.3亿美元,同比增长29.1%。货物和服务净出口拉动GDP增长1.7个百分点,对GDP增长的贡献率为20.9%。2021年,国家外汇储备32502亿美元,比上年末增加336亿美元,全年人民币平均汇率为1美元兑6.4515元人民币,比上年升值6.9%。

我国货物贸易额、外汇储备均居世界首位,服务贸易、对外投资、消费市场规模稳居世界前列。如今我国已成为全球制造业第一大国、货物贸易第一大国、商品消费第二大国、外资流入第二大国,为推动世界经贸复苏、维护全球产业链供应链稳定发挥了不可替代的重要作用。

第二节　高速公路发展阶段特征

一、高速公路发展地位依然突出

高速公路是交通基础设施建设的重要一环,是国家基础产业和经济社会发展的先行产业,它改善了我国交通运输系统的网络结构,加强了区域之间的联系,扩大了附近地区的内需,对经济社会发展和空间格局演化具有重要的作用。

1. 高速公路建设在经济增长中地位突出

高速公路建设对经济增长具有显著的拉动作用,主要体现在两个方面:一方面是高速公路建成通车后,对经济增长产生的促进作用,包括改善运输条件产生的收益、扩大市场边界的收益、加快区域经济开发的收益等。另一方面是高速公路建设过程本身对经济增长带来的影响,主要包括对高速公路建设上下游产业链的影响,对促进劳动就业、改善贫富差距、增进社会公平正义等方面的积极影响等。据统计,每亿元公路建设投资可为公路建筑业创造2000个劳动就业机会,同时为相关产业提供就业机会近5000个。

公路交通建设投资与经济社会发展具有明显的正相关性。研究表明,在一定时期内,中国公路投资对国内生产总值的最终乘数效应约为2.63,即1个单位的公路建设投资最终将增加国内生产总值2.63个单位,建成当年的乘数效应约为1.27,其他部分表现在以后的各年中。

当前,从宏观形势看,经济下行压力较大,扩内需、稳增长任务重,高速公路建设再次成为国家和各级政府稳增长、拉动内需的重要领域,预计未来一段时期,我国高速公路发展将继续保持一定的规模与速度。

改革开放以来,我国综合交通运输发展取得了历史性成就,用几十年时间走过了发达国家上百年的发展历程,已经成为名副其实的交通大国。2022年1月29日发布的《公路"十四五"发展规划》中指出,"十三五"时期,面对错综复杂的国际形势、艰巨繁重的国内改革发展稳定任务,我国公路交通发展水平跃上新的大台阶,公路总里程接近520万公里,高速公路通车里程达到16.1万公里,通达99%的城镇人口20万以上城市及地级行政中心。取消高速公路省界收费站工作全面完成,高速公路处于"畅通"和"基本畅通"状态的里程达80%以上。覆盖广泛、互联成网、质量优良、运行良好的公路网络已基本形成,有力地支撑了国家重大战略实施和全面建成小康社会目标如期实现,也为开启全面建设社会主义现代化国家新征程提供了良好基础。

2. 高速公路运输在综合运输中贡献突出

公路交通是综合交通运输体系的重要组成部分,为整个经济社会发展提供着最为重要的运输保障。其中高速公路具有更为突出的经济效益和社会效益,例如在美国,高速公路占全国公路里程的 1.1%,承担的公路运输量却占总量的 19%;德国高速公路占本国公路里程的 1.7%,而完成的运量占公路运输量的 25% 以上;日本的高速公路仅占全国公路总里程的 0.28%,却承担了全国公路运量的 6%,货运周转量的 25.6%。

2022 年 7 月,《国家公路网规划》指出,改革开放特别是党的十八大以来,我国公路发展取得了举世瞩目的成就。《国家公路网规划(2013 年—2030 年)》明确,国家高速公路网由"7 射、11 纵、18 横"(以下简称"71118")等路线组成,总规模约 13.6 万公里;普通国道网由"12 射、47 纵、60 横"等路线组成,总规模约 26.5 万公里。经各方共同努力,截至 2021 年底,国家高速公路建成 12.4 万公里,基本覆盖地级行政中心;普通国道通车里程达到 25.8 万公里,基本覆盖县级及以上行政区和常年开通的边境口岸。国家公路的快速发展总体适应经济社会需要,极大便利了人民群众出行,有力支撑了国家重大战略实施,为决胜全面建成小康社会提供了坚实保障。

从运输成本的角度讲,由于道路技术状况大大改善,单车油耗量与同类状况相比可降低 20%~30%,轮胎使用寿命可增加一倍,汽车大修行程可缩短 1/3,运输成本可比普通公路降低 17%~20%。在对运输企业的调查中,大多数表示,出于对节约时间成本、燃油成本、风险管理成本等考虑,与使用非收费普通公路相比更愿意选择通行条件更好、整体成本更低的收费高速公路。国外一项关于公路运输成本的研究也显示,物流企业选择收费高速公路运输与选择非收费普通公路运输相比,前者整体效益会高 23% 左右。

二、高速公路保持适度超前发展

1. 高速公路阶段性发展特征明显

一是中西部地区投资潜力大,建设持续时间长于东部地区。我国东部地区公路建设起步较早,发展较快,目前主干线高等级公路网已经基本形成,路网密度接近发达国家水平。相比较而言,中西部特别是西部地区公路建设较慢,历史发展欠账多,未来公路投资建设发展任务较重。从国际上大多数国家发展高速公路的历程来看,大都经历了 25~35 年的巨额投入和集中建设发展期。另外,无论从当前已经发布的各地区规划还是从近些年的公路建设投资来看,中西部特别是西部地区公路投资建设发展的增量规模和增速都是领先的。因此,预计未来5~8年,我国中西部地区高速公路仍将保持快速发展。

二是主干道贯通、扩容改造和向市县扩散是大势所趋。尽管当前我国高速公路建设发展取得了巨大成绩,但与经济社会发展要求相比,现行高速公路网仍然存在一些亟待解决的问题:如部分大通道尚未贯通,特别是中西部地区,下一步需要重点推进;覆盖范围不全面,将继续向市县延伸;部分国家高速公路通道运能紧张、拥堵严重,不能适应交通量快速增长的需要,一些早期建成通车的国家高速公路如京哈、京港澳、连霍等已频繁出现拥堵现象,亟须扩容改造。从以上这些方面来看,我国高速公路还将保持一个适度超前发展的态势,但阶段特征明显,即全国高速公路成网、贯通、扩容、延伸是大趋势。

2. 高速公路规划建设任重道远

根据《公路"十四五"发展规划》,"十四五"时期,我国将新改建高速公路2.5万公里,其中新建2万公里,扩容改造5000公里。东部地区以繁忙通道扩容改造为主;中部地区在加快打通剩余待贯通路段的同时,兼顾重点通道能力提升;西部地区以剩余待贯通路段建设为主。到2025年,我国高速公路建成里程预计达到19万公里,将通达城区人口10万以上市县,基本实现"71118"国家高速公路主线贯通。路况水平进一步改善,高速公路优等路率保持在90%以上。设施安全防护水平进一步提高,高速公路一、二类桥梁比例达到95%。

"十四五"期,我国将加快高速公路网络完善和通道扩能。其中:

一是加快推进国家高速公路贯通互联。以中西部地区为重心,加快国家高速公路待贯通路段建设,优先打通"71118"主线和省际衔接路段,进一步扩大路网覆盖,强化区际衔接,提升国家高速公路网络质量和整体效应。

二是持续推进国家高速公路繁忙通道扩容改造。以东中部地区为重心,积极发挥市场作用,推进北京至上海、北京至港澳、长春至深圳、上海至昆明、连云港至霍尔果斯等建设年代较早、技术指标较低、交通繁忙的国家高速公路路段扩容改造,合理选择建设方案,鼓励有条件路段优先采用原路扩容方案,集约节约利用通道和土地资源,优化通道能力配置,提升国家高速公路网络运行效率和服务水平。

三是积极完善城市群、都市圈快速网络。支撑城市群互动发展,加强京津冀、长三角、粤港澳大湾区和成渝地区双城经济圈等重点区域城际快速通道建设,构建高速公路环线系统,提升区域交通一体化水平。适应城市空间拓展要求,有序推进特大城市和城市群核心城市绕城高速、城市出入口路段、互通式立交等建设改造,服务都市圈同城化发展。

四是稳步推进重大战略性通道建设。加强出疆入藏、中西部地区、沿江沿海沿边战略骨干通道建设。深化促进陆海双向开放,稳步推进西部陆海新通道建设。加快推动跨海峡海湾、大江大河通道建设,对于沪甬跨海通道等影响大、利长远的重大工程,积极开展前期研究和技术攻关,适时启动项目建设。

五是合理引导地方高速公路建设。指导地方在国家综合立体交通网框架下完善省级高速公路网规划布局,做好与国土空间规划的衔接协调。合理把控高速公路规模和建设节奏,探索开展高速公路发展适应性评价工作,进一步提高规划决策和项目管理水平,严守债务风险底线。

我国各省(区、市)高速公路网规划(至2030年)里程总体情况见表2-1。

全国各省(区、市)高速公路网规划(至2030年)里程表　　表2-1

序号	区域	省(区、市)	面积(万平方公里)	人口(万人)	规划里程(公里)			面积密度(公里/万平方公里)	人口密度(公里/万人)
					国家高速公路	省级高速公路	合计		
1	东部	北京	1.68	1633	795	581	1376	8.2	0.8
2	东部	天津	1.19	1115	606	1040	1646	13.8	1.5
3	东部	河北	18.77	6943	5981	2939	8920	4.8	1.3
4	中部	山西	15.63	3393	3930	3329	7259	4.6	2.1
5	西部	内蒙古	118.3	2405	8827	2359	11186	0.9	4.7
6	东部	辽宁	14.75	4298	4065	1425	5490	3.7	1.3
7	中部	吉林	18.74	2730	4198	1500	5698	3.0	2.1
8	中部	黑龙江	45.39	3824	4980	2231	7211	1.6	1.9
9	东部	上海	0.63	1858	483	733	1216	19.3	0.7
10	东部	江苏	10.26	7625	3557	2031	5588	5.4	0.7
11	东部	浙江	10.18	5060	3806	2000	5806	5.7	1.1
12	中部	安徽	13.94	6118	4138	1716	5854	4.2	1.0
13	东部	福建	12.14	3581	4100	3150	7250	6.0	2.0
14	中部	江西	16.69	4368	4377	1915	6292	3.8	1.4
15	东部	山东	15.67	9367	5100	2551	7651	4.9	0.8
16	中部	河南	16.7	9360	4270	3800	8070	4.8	0.9
17	中部	湖北	18.59	5699	5015	3320	8335	4.5	1.5
18	中部	湖南	21.18	6355	5336	3278	8614	4.1	1.4

续上表

序号	区域	省（区、市）	面积（万平方公里）	人口（万人）	规划里程(公里)			面积密度（公里/万平方公里）	人口密度（公里/万人）
					国家高速公路	省级高速公路	合计		
19	东部	广东	17.79	9449	6127	5877	12004	6.7	1.3
20	西部	广西	23.67	4768	4642	3608	8250	3.5	1.7
21	东部	海南	3.4	845	1153	25	1178	3.5	1.4
22	西部	重庆	8.24	2816	3105	1514	4619	5.6	1.6
23	西部	四川	48.5	8127	8008	6250	14258	2.9	1.8
24	西部	贵州	17.62	3762	4127	3641	10096	5.7	2.7
25	西部	云南	39.41	4514	6634	7180	13814	3.5	3.1
26	西部	西藏	122.84	284	4642	0	4642	0.4	16.3
27	西部	陕西	20.56	3748	5411	2168	7579	3.7	2.0
28	西部	甘肃	39	2617	5118	3345	8463	2.2	3.2
29	西部	青海	72.12	552	5372	23	5395	0.7	9.8
30	西部	宁夏	5.18	610	2004	650	2654	5.1	4.4
31	西部	新疆	166.04	2095	8013	650	8663	0.5	4.1

注：1. 数据来自各省（区、市）综合交通运输"十四五"发展规划或中长期发展规划。
2. 本表数据未包括香港特别行政区、澳门特别行政区和台湾省。

为尽快消除断头路、打通主要高速公路通道，形成更加完善的高速公路网络体系，充分发挥网络规模效应，预计我国高速公路还将需要5~8年的集中建设期，到2030年左右国家公路网规划全部建成，我国高速公路发展将进入一个基本稳定的状态。

三、公路养护效能仍将持续提升

《公路"十四五"发展规划》提出，未来五年，我国将以提升路况水平为导向，加强养护实施力度，加快建成可靠耐久的供给体系、规范高效的管理体系、绿色适用的技术体系和长效稳定的保障体系，全面提升公路养护效能，深入推进公路养护高质量发展。

在构建可靠耐久的供给体系方面：一是将大力推进预防养护实施。加大预防养护投入力度，在年度计划中安排专门资金用于实施预防养护，根据路况衰变情况适时安排预防养护工程，促进公路养护良性发展。二是将提升修复养护工程效益。加强修复养护工程方案的专业化设计，充分考虑公路病害特点，结合自然条件、交通量、养护维修历史等因素，有针对性地确定养护对策。在路面改造的同时，同步提升交通安全设施、沿线服务设施的基础状况,改善公路路域环境。严格按照标准规范要求,加强对养护工程的质量检验评定,确保养护工程实施效果。三是将切实加强农村公路养护。深化农村公路管理养护体制改革,推进改革试点工作。深化"四好农村路"示范创建,开展"最美农村路"评选活动,推进"美丽农村路"建设。完善农村公路养护运行机制,建立政府与市场合理分工的农村公路养护生产组织模式,加大养护公益性岗位开发力度,鼓励农民群众参与农村公路日常养护。创新多种养护模式,尝试对不同行政等级道路组成的农村公路骨干路网实行集中统一养护。四是将推进公路养护绩效评价管理。鼓励各地建立完善公路养护绩效评价的管理制度和标准办法,明确工作流程、工作内容、考核指标和评价标准,加强评价结果在养护管理工作中的应用。

在构建长效稳定的保障体系方面,一是将深化推动公路养护市场化改革。强化养护市场准入管理,统一公路养护资质分类与标准,形成更加开放的养护市场环境。加强信用体系建设,制定信用评价办法及评价标准,形成良性市场培育机制。二是将加强跨区域养护工作的统筹协调。推动各地建立跨省的桥梁、隧道以及省际通道的养护管理协商工作机制,制定养护管理办法。三是将强化公路养护"四新"技术推广应用。以解决当前养护工作的技术问题为目标,明确公路养护技术发展方向。健全养护"四新"技术的推广机制,构建全国公路养护新技术推广应用平台和全国公路养护技术专家库,建立"四新"技术推广应用目录清单。探索智能养护技术及装备研发。四是将提升公路养护管理信息化水平。深化国家公路网综合养护管理系统建设,推进省级公路养护管理信息资源整合,探索公路养护管理智能化应用,利用大数据和云计算技术提升公路养护管理能力。

第三节　公路交通运输发展趋势

一、综合交通运输体系加速现代化

"十三五"期是我国交通运输事业加快发展的5年,共完成交通固定资产投资16万亿元以上,交通运输基础设施网络日趋完善,综合交通网络总里程突破600万公里,"十纵十横"综合运输大通道基本贯通。到"十三五"期末,全国铁路运营总里程达到14.6万公里,覆盖99%的20万以上人口的城市,其中高铁运营里程约3.8万公里,居世界第一位,覆盖全国95%的人口百万级以上的城市。内河高等级航道达标里程1.61万公里,沿海港口万吨级及以上泊位数2530个。城市轨道交通运营里程7000公里,民用机场241个,覆盖了92%的地级市。

作为交通运输固定资产投资的重中之重，公路交通建设在"十三五"期成效斐然。全国公路固定资产投资累计超过10万亿元，公路总里程接近520万公里，其中高速公路通车里程达到16.1万公里，居世界第一位，通达99%的城镇人口20万以上城市及地级行政中心，二级及以上公路通达97.6%的县城，农村公路总里程达到438万公里。覆盖广泛、互联成网、质量优良、运行良好的公路网络已基本形成。

二、运输服务愈加便捷顺畅经济高效

"十三五"时期，我国综合运输服务快速发展，服务能力水平不断提高，人民群众获得感明显提升，为服务经济社会发展，特别是决战决胜脱贫攻坚和全面建成小康社会提供了有力支撑。

在旅客运输方面，我国旅客出行需求稳步增长，高品质、多样化、个性化的需求不断增强。预计2021—2025年，旅客出行量（含小汽车出行量）年均增速为4.3%左右，高铁、民航、小汽车出行占比不断提升，旅游出行以及城市群旅客出行需求更加旺盛。未来，在城镇化、人口红利丧失、产业转移、区域差距缩小等多重趋势推动下，长期以来区域之间劳动力人口大规模流动的格局将发生根本性变化。新型城镇化提出要解决"三个一亿人"的问题，其中第三个一亿人就是要引导约一亿人在中西部地区就近城镇化。就近城镇化和劳动密集型产业向中西部转移，将使外出打工人数下降，使就地运输需求增加，使季节性的大规模长途客运需求逐渐下降。

在货物运输方面，我国货运需求稳中有升，高价值、小批量、时效强的需求快速增加。预计2021—2025年，全社会货运量年均增长2.3%，快递业务量年均增长15.4%，公路货运量增速放缓，铁路、民航货运量增速加快，水路货运量稳中有升，电商快递将保持快速增长态势。未来，在经济增速换挡、产业转型升级、能源结构变化等多重趋势推动下，我国长期以来由于资源分布与工业布局错位而形成的原材料由北向南、自西向东和产成品由南向北、自东向西大宗物资运输格局将出现深刻变化。最典型的，如北煤南运、西煤东运格局在产业转移需求减少和燃气替代、高压输电线路替代等多重冲击下已经发生逆转。国家新的能源发展战略也提出，煤炭输出地将建设坑口电站，将大力发展风电、水电、太阳能、核电，使其在能源结构中的比例由目前的7%提高到15%，这将大大减少煤炭和矿石的运输量。并且随着经济社会转型发展，我国的重化工业增速将放慢，矿石、煤炭的运量增长幅度在规模上也会下降。此外，随着新增干线铁路和重载铁路的发展，将使铁路货运能力进一步提高，长期以来，公路长距离运输大宗散货的局面将发生改变。

《综合运输服务"十四五"发展规划》提出，到2025年，"全国123出行交通圈"（都市

区 1 小时通勤、城市群 2 小时通达、主要城市 3 小时覆盖)和"全球 123 快货物流圈"(国内 1 天送达、周边国家 2 天送达、全球主要城市 3 天送达)加快构建,多层次、高品质的旅客出行服务系统和全链条、一体化的货运物流服务系统初步建立,现代国际物流供应链体系不断完善,运输结构进一步优化,运输装备水平大幅提高,绿色化、数字化发展水平明显提高,安全应急保障体系更加健全,治理能力显著提升,服务支撑经济社会发展能力进一步增强。

三、公路交通迎来高质量发展关键期

2021 年 11 月 1 日发布的《公路"十四五"发展规划》中指出,当前和今后一个时期,我国发展仍然处于重要战略机遇期,但机遇和挑战都有新的发展变化,总体上机遇大于挑战。我国已开启全面建设社会主义现代化国家新征程,转向高质量发展阶段,区域经济布局、国土开发格局、消费需求特征、要素供给模式、国家治理体系等将发生深刻变化,对公路交通发展提出新要求。构建新发展格局,坚持扩大内需战略基点,要求继续发挥公路交通先行引领和基础保障作用;深入实施创新驱动发展战略,塑造高质量发展新优势,要求加快培育公路交通发展新动能;服务区域协调发展,支撑国家重大战略实施,要求公路交通进一步提高供给有效性和适配性;增进民生福祉,满足人民群众对美好生活的需要,要求提供更高品质的公路出行服务;加快发展现代产业体系,建设现代流通体系,要求进一步提升公路货运物流效率;统筹发展和安全,构建生态文明体系,要求公路交通更加注重安全保障和绿色发展;推进国家治理体系和治理能力现代化,破解体制机制障碍,要求全面提升行业治理效能;加快建设交通强国,构建现代化高质量综合立体交通网,要求推进公路与其他运输方式一体化融合发展。

"十四五"时期,是开启加快建设交通强国新征程,推动公路交通高质量发展的关键期。从需求规模和结构看,在运输量稳步增长的同时,随着运输结构的调整,公路中长途营业性客运和大运量长距离货运占比将逐步下降;从需求质量看,将由"保基本、兜底线"向"悦其行、畅其流"转变;从需求类型看,将在全国不同区域呈现出更加多样化、差异化的发展态势;从发展重点看,基础设施建设任务仍然较重,同时提质增效升级和高质量发展要求更加迫切;从发展动力看,将由依靠传统要素驱动向更加注重创新驱动转变。

第三章

CHAPTER THREE

新时期我国高速公路建设与投资发展形势

第一节 公路建设投资现状与特征

一、全社会固定资产投资增长放缓

"十三五"期,我国经济发展进入新常态,发展的环境、条件、任务、要求等都发生了新的变化,全社会固定资产投资也呈现出新的特点。"十三五"期,我国全社会固定资产投资总体呈现稳步增长态势,继 2019 年突破 50 万亿元大关后,2020 年增长至 52.73 万亿元。"十三五"期共完成固定资产投资 242.50 万亿元,年均增长率达 3.95%,低于"十二五"时期的 11.20% 水平。"十三五"期我国全社会固定资产投资情况如图 3-1 所示。

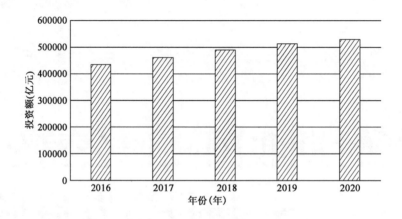

图 3-1 "十三五"期全社会固定资产投资

2020 年,我国全年全社会固定资产投资达到 527270 亿元,比上年增长 2.7%。其中,固定资产投资(不含农户)518907 亿元,增长 2.9%。分区域看,东部地区投资比上年增长 3.8%,中部地区投资增长 0.7%,西部地区投资增长 4.4%,东北地区投资增长 4.3%。

在固定资产投资(不含农户)中,三次产业投资增速全部转正,其中,第一产业投资 13302 亿元,比上年增长 19.5%;第二产业投资 149154 亿元,增长 0.1%;第三产业投资 356451 亿元,增长 3.6%。民间固定资产投资 289264 亿元,增长 1.0%。全国房地产开发固定资产投资增幅最高,达到 7.0%。基础设施投资增长 0.9%。高技术产业投资增长 10.6%,快于全部投资 7.7 个百分点,其中高技术制造业和高技术服务业投资分别增长 11.5% 和 9.1%。高技术制造业中,医药制造业、计算机及办公设备制造业投资分别增长 28.4%、22.4%;高技术服务业中,电子商务服务业、信息服务业投资分别增长

20.2%、15.2%。社会领域投资增长 11.9%,快于全部投资 9.0 个百分点,其中卫生、教育投资分别增长 29.9% 和 12.3%。2020 年 12 月,固定资产投资环比增长 2.32%。2020 年三次产业投资占固定资产投资(不含农户)比重情况如图 3-2 所示。

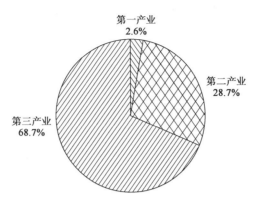

图 3-2 2020 年三次产业投资占固定资产投资(不含农户)比重

2020 年,分行业固定资产投资(不含农户)增长速度、固定资产投资新增主要生产与运营能力情况见表 3-1、表 3-2。

2020 年分行业固定资产投资(不含农户)增长速度　　表 3-1

行　业	比上年增长（%）	行　业	比上年增长（%）
总计	2.9	金融业	-13.3
农、林、牧、渔业	19.1	房地产业	5.0
采矿业	-14.1	租赁和商务服务业	5.0
制造业	-2.2	科学研究和技术服务业	3.4
电力、热力、燃气及水生产和供应业	17.6	水利、环境和公共设施管理业	0.2
建筑业	9.2	居民服务、修理和其他服务业	-2.9
批发和零售业	-21.5	教育	12.3
交通运输、仓储和邮政业	1.4	卫生和社会工作	26.8
住宿和餐饮业	-5.5	文化、体育和娱乐业	1.0
信息传输、软件和信息技术服务业	18.7	公共管理、社会保障和社会组织	-6.4

2020 年固定资产投资新增主要生产与运营能力　　表 3-2

指　标	单　位	绝对数
新增 220 千伏及以上变电设备	万千伏安	22288
新建铁路投产里程	公里	4933

续上表

指　标	单　位	绝　对　数
其中:高速铁路	公里	2521
增、新建铁路复线投产里程	公里	3380
电气化铁路投产里程	公里	5480
新改建高速公路里程	公里	12713
港口万吨级码头泊位新增通过能力	万吨/年	30562
新增民用运输机场	个	3
新增光缆线路长度	万公里	428

二、公路建设投资强度保持较高水平

"十三五"期,我国公路交通运输基础设施累计完成投资10.68万亿元,较"十二五"期增长了50.43%。从区域分布来看,全国大部分省(区、市)交通投资完成规模均较"十二五"期有大幅增长,其中以西部地区增长最多,其次是东部地区和中部地区。从东部地区看,部分地区虽然路网服务水平较高,但仍完成了较高的公路基础设施投资,几乎所有东部省份实现了正增长,尤其是海南、山东、浙江、北京四地,公路基础设施投资实现了翻倍增长。从中部地区看,江西、安徽两省投资力度较大。从西部地区看,大部分地区都实现了投资额的大幅增长,平均增幅达到了69%以上。从东北地区看,吉林和辽宁略有收缩,黑龙江则保持了近10%的增幅水平。2016—2020年我国分区域公路建设投资情况如图3-3所示。

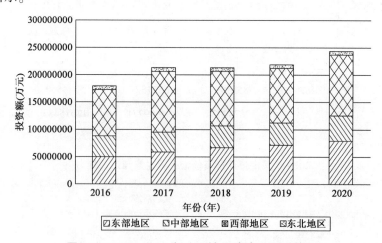

图3-3　2016—2020年分区域公路建设投资情况

2016—2020 年我国公路建设投资情况见表 3-3。

2016—2020 年我国公路建设投资情况（万元） 表 3-3

地　区	2016 年	2017 年	2018 年	2019 年	2020 年
全国	179758051	212533285	213351811	218950415	243115732
东部地区	51156019	59048207	67654719	72218934	79968234
中部地区	36968652	36589405	39632032	40326982	46386429
西部地区	84710132	110175113	100529200	100504448	110603633
东北地区	6923248	6720560	5535860	5900051	6157435
北京	1231176	2607844	2259290	1419337	1323361
天津	702793	357083	594743	773671	613049
河北	6206124	5427095	6942130	8050098	8986282
山西	2286075	2912177	4634167	5369390	6308740
内蒙古	8404050	7004509	5145426	3866499	4138185
辽宁	1829217	2020589	1232651	740553	859062
吉林	3202898	2640702	2613048	3028981	2228911
黑龙江	1891133	2059269	1690161	2130518	3069463
上海	1163374	1638732	1541702	1625768	1608863
江苏	3982263	5424497	6221213	7329241	8685121
浙江	10846541	13582154	15320407	16303622	17319916
安徽	7905990	7849261	8277140	6785968	7227800
福建	7513118	7830173	7696507	6733804	6334690
江西	6143414	4561449	5963002	6570411	9612568
山东	6737474	7878272	10546099	11318976	13226818
河南	4552791	4825786	4611138	5800805	6671718
湖北	8942900	8585533	9625258	10715558	9483631
湖南	7137482	7855199	6521327	5084850	7081973
广东	11272003	12679902	14699271	17075483	20163031
广西	6669591	7586259	7775999	9840354	13342921
海南	1501153	1622455	1833357	1588935	1707105
重庆	4211394	4679975	5595758	5783942	6170259
四川	12650288	14280079	15538174	17158908	18698277
贵州	14640318	16245378	16874073	11685302	11071615

续上表

地 区	2016 年	2017 年	2018 年	2019 年	2020 年
云南	12623020	15927832	18714240	23303068	27517735
西藏	4022583	5665599	6509211	4551929	4198781
陕西	5067219	5806783	6463635	6830976	6199675
甘肃	7299409	8401215	7081800	7996191	9281846
青海	3737355	4461981	4131825	1924658	2273481
宁夏	2034953	1987294	1704154	1409695	1360798
新疆	3349952	18128209	4994905	6152925	6350060

注：数据来源于交通运输部相关统计资料。

第二节　高速公路投资政策环境

一、社会资本投资政策环境不断优化

1. 国家政策积极鼓励社会资本投资

2013年11月12日，党的十八届三中全会通过了《中共中央关于全面深化改革若干重大问题的决定》，提出加快转变政府职能，深化投资体制改革，确立企业投资主体地位；强调要处理好政府和市场的关系，使市场在资源配置中起决定性作用和更好地发挥政府作用。

2014年，国务院印发《关于创新重点领域投融资机制鼓励社会投资的指导意见》（国发〔2014〕60号），提出鼓励民间资本采取私募等方式发起设立主要投资于基础设施等领域的产业投资基金，支持重点领域建设项目开展股权和债权融资，支持重点领域建设项目采用企业债券、项目收益债券、公司债券、中期票据等方式通过债券市场筹措投资资金，推动铁路、公路、机场等交通项目建设企业应收账款证券化。

2016年，中共中央、国务院印发了《关于深化投融资体制改革的意见》（中发〔2016〕18号），提出科学界定并严格控制政府投资范围，平等对待各类投资主体，确立企业投资主体地位，放宽放活社会投资，激发民间投资潜力和创新活力，设立政府引导、市场化运作的产业（股权）投资基金，积极吸引社会资本参加。为贯彻落实党中央国务院的部署安排，财政部、国家发展改革委等纷纷出台相关政策，吸引民间资本积极参与基础设施和公用事业领域的建设。

2016年8月,国家发展改革委印发的《关于切实做好传统基础设施领域政府和社会资本合作有关工作的通知》(发改投资〔2016〕1744号)强调鼓励引导民间投资,明确要树立平等合作观念,多推介含金量高的项目,给予各类投资主体公平参与机会,鼓励和引导民营企业参与政府与社会资本合作(PPP)项目。

2016年9月,财政部印发《政府和社会资本合作项目财政管理暂行办法》(财金〔2016〕92号),提出项目实施机构应当根据项目特点和建设运营需求,综合考虑专业资质、技术能力、管理经验和财务实力等因素合理设置社会资本的资格条件,保证国有企业、民营企业、外资企业平等参与。

2017年10月,党的十九大召开,习近平代表第十八届中央委员会向大会作了题为《决胜全面建成小康社会 夺取新时代中国特色社会主义伟大胜利》的报告,指出深化投融资体制改革,发挥投资对优化供给结构的关键性作用。加快建立现代财政制度,建立权责清晰、财力协调、区域均衡的中央和地方财政关系。深化金融体制改革,增强金融服务实体经济能力,提高直接融资比重,促进多层次资本市场健康发展。

2021年3月,十三届全国人大四次会议表决通过了关于国民经济和社会发展第十四个五年规划和2035年远景目标纲要的决议。在《国民经济和社会发展第十四个五年规划和2035年远景目标纲要》中,提出优化投资结构,提高投资效率,保持投资合理增长。深化投融资体制改革,发挥政府投资撬动作用,激发民间投资活力,形成市场主导的投资内生增长机制。健全项目谋划、储备、推进机制,加大资金、用地等要素保障力度,加快投资项目落地见效。

2. 交通投融资改革倡导社会投资创新

2015年5月,《关于深化交通运输基础设施投融资改革的指导意见》(交财审发〔2015〕67号)提出,要建立和完善交通运输发展"政府主导、分级负责、多元筹资、规范高效"的投融资管理体制,将进一步向民间资本开放,打破各类行业垄断和市场壁垒,建立公平、公开透明的市场规则,创新投资运营机制,改进政府投资安排方式,最大限度鼓励和吸引社会资本投入,充分激发社会资本投资活力;积极研究探索设立公路交通产业投资基金,以财政性资金为引导,吸引社会法人投入,建立稳定的公路、水路交通发展的资金渠道;同时,鼓励民间资本发起设立用于公路、水路交通基础设施建设的产业投资基金,研究探索运用财政性资金通过认购基金份额等方式支持产业基金发展。

2019年9月,中共中央、国务院印发《交通强国建设纲要》,提出要加强资金保障。深化交通投融资改革,增强可持续发展能力,完善政府主导、分级负责、多元筹资、风险可控的资金保障和运行管理体制。建立健全中央和地方各级财政投入保障制度,鼓励采用多元化市场融资方式拓宽融资渠道,积极引导社会资本参与交通强国建设,强化风险防控机制建设。

2021年2月,中共中央、国务院印发《国家综合立体交通网规划纲要》,提出要加强资金保障,建立完善与交通运输发展阶段特征相适应的资金保障制度,落实中央与地方在交通运输领域的财政事权和支出责任,确保各交通专项资金支持交通发展。创新投融资政策,健全与项目资金需求和期限相匹配的长期资金筹措渠道。构建形成效益增长与风险防控可持续发展的投资机制,防范化解债务风险。支持各类金融机构依法合规为市场化运作的交通发展提供融资,引导社会资本积极参与交通基础设施建设。

二、大力推广政府与社会资本合作模式

2014年以来,为加强预算管理以及地方政府债务风险防控,国务院出台《关于加强地方政府性债务管理意见》(国发〔2014〕43号),指明了发行政府债券和政府和社会资本合作(PPP)两条融资路径,标志着基础设施投融资翻开新篇章。随后,随着PPP制度的不断健全完善,PPP模式在基础设施投资建设领域得到快速发展。交通基础设施具有公益属性强、投资规模大、市场化程度高、未来现金流稳定等特点,作为国务院及财政部、国家发展改革委等部门政策文件重点支持的领域,已成为PPP模式实践运用的重要领域。

2015年2月,交通运输部发布《交通运输部关于印发全面深化交通运输改革试点方案的通知》(交政研发〔2015〕26号)(以下简称《试点方案》),明确提出开展交通基础设施政府和社会资本合作等模式试点。2015年4月,财政部和交通运输部联合印发《关于在收费公路领域推广运用政府和社会资本合作模式的实施意见》(财建〔2015〕111号)(以下简称《实施意见》),从总体目标、基本原则、实施要求及保障措施四个方面对收费公路领域推广PPP提出了具体要求。2015年12月,交通运输部办公厅印发《收费公路政府和社会资本合作操作指南(试行)》(交办财审〔2015〕192号),后进一步修订完善,形成《收费公路政府和社会资本合作操作指南》(交办财审〔2017〕173号)(以下简称《操作指南》)。伴随着相关政策的全面实施,公路交通领域推广PPP模式呈现以下特征和趋势:

1. 突破了车购税资金原来不投经营性收费公路限定

《实施意见》中明确,对符合《车辆购置税收入补助地方资金管理暂行办法》要求的项目,可按照交通运输重点项目资金申请和审核规定,申请投资补助。交通运输部的《试

点方案》中也规定,对于符合条件的项目,可申请车购税投资补助,交通运输部将根据现行同类项目补助标准,结合项目评估结果和地方申请补助规模,在出具行业审查意见时,明确支持额度。《操作指南》中明确,对符合公路发展规划和《车辆购置税收入补助地方资金管理暂行办法》(财建〔2014〕654号)要求的项目,可按交通运输重点项目资金申请和审核规定,申请车辆购置税资金支持。以上政策规定突破了十多年来车购税资金不投资经营性收费公路的现状,为支持地方政府推广PPP项目、保障社会资本获得合理收益做了铺垫。

2. 明确综合施策增强社会资本投资合理收益的保障

在车购税资金的使用之外,《实施意见》在"(十)资金政策支持"中提出,"收费不足以满足社会资本或项目公司成本回收和合理回报的,在依法给予融资支持,项目沿线一定范围土地开发使用等支持措施仍不能完全覆盖成本的,可考虑给予合理的财政补贴"。《操作指南》再次明确:"收费不足以满足社会资本方或项目公司成本回收和合理回报的,且政府对项目依法给予支持政策仍不能完全覆盖成本、实现合理回报的,可考虑给予合理的财政支持。"

一是明确"依法给予融资支持"。这里的融资支持包括政策性、开发性金融机构等给予社会资本PPP项目差异化的信贷支持,如优惠的贷款利率、长达二三十年的贷款期限等。

二是明确可以给予社会资本"项目沿线一定范围土地开发使用"支持政策。将基础设施项目与土地开发捆绑,在铁路、轨道交通等领域已有相关政策给予支持,但收费公路领域一直没有相关政策突破,沿线土地开发必须通过招拍挂获得。《实施意见》首次提出在收费公路领域可以给予项目沿线土地开发,是政策上的一项突破。

三是支持运营期的补助,增加政策不确定性的保障措施。社会资本投资收费公路存在的重要问题之一就是,由于收费期限长,社会资本收回投资获得回报的周期也长达二三十年,其间存在的政策风险较难预测和获得补偿。本次《实施意见》明确提出:"政府要逐步从'补建设'向'补运营'转变,以项目运营绩效评价结果为依据,适时对价格和补贴进行调整。"同时,财政部出台的各项政策均提出,PPP项目的风险由最适宜的一方来承担,《试点方案》也明确提出合理分担风险的原则。以上规定对收费政策的不确定性提出了解决的思路,保障了社会资本的权益。

3. 盘活存量资产创新收费公路PPP应用模式

《实施意见》明确提出,利用PPP模式要"坚持盘活存量、用好增量、分类施策",表明盘活存量资产是利用PPP模式最重要的一环。事实上,以《国务院关于加强地方政府性债务管理的意见》为起始推动PPP模式的重要目的之一,就是化解地方政府债务风险、减少地方债压力。这些政策表明,对存量收费公路项目采用PPP模式是一个重要的方向趋势。可以适当选择收入不足以偿还债务和运营养护支出的已建成通车政府还贷收费公路项目,探索给予社会资本一定税收优惠、融资支持、土地资源等支持,吸引社会资本进入,从而部分解决地方财政、交通运输主管部门肩负的存量债务;融资平台公司存量经营性收费公路项目,也可以探索向PPP项目转型,从而有效控制政府或有债务风险。

2021年3月,《国民经济和社会发展第十四个五年规划和2035年远景目标纲要》明确提出:规范有序推进政府和社会资本合作(PPP),推动基础设施领域不动产投资信托基金(REITs)健康发展,有效盘活存量资产,形成存量资产和新增投资的良性循环。

三、国家规范投融资行为提出新要求

1. 规范地方政府融资举债行为

2014年9月,国务院印发《关于加强地方政府性债务管理的意见》(国发〔2014〕43号)提出:建立规范的地方政府举债融资机制。地方政府举债采取政府债券方式。没有收益的公益性事业发展确需政府举借一般债务的,由地方政府发行一般债券融资,主要以一般公共预算收入偿还。有一定收益的公益性事业发展确需政府举借专项债务的,由地方政府通过发行专项债券融资,以对应的政府性基金或专项收入偿还。

2017年4月,财政部、国家发展改革委、司法部、人民银行、银监会、证监会联合发布的《关于进一步规范地方政府举债融资行为的通知》(财预〔2017〕50号)再次强调:严格执行《中华人民共和国预算法》和国发〔2014〕43号文件规定,健全规范的地方政府举债融资机制,地方政府举债一律采取在国务院批准的限额内发行地方政府债券方式,除此以外,地方政府及其所属部门不得以任何方式举借债务。未来普通公路等没有收益的交通运输基础设施,其建设发展除政府投资外,可采取发行地方政府一般债券方式进行融资,主要以一般公共预算收入偿还;有一定收益的高速公路、枢纽场站等交通运输基础设施,其建设发展除政府投资外,可采取发行地方政府专项债券方式进行融资,以对应的政府性基金或专项收入偿还。同时,对债券的使用有严格的限制,在规模上,不能超过中央分配给地方的债务限额。

2. 规范地方政府融资平台

《关于加强地方政府性债务管理的意见》(国发〔2014〕43号)从加强地方政府性债务管理的角度提出:明确政府和企业的责任,政府债务不得通过企业举借,企业债务不得推给政府偿还,切实做到谁借谁还、风险自担。要求剥离融资平台公司政府融资职能,融资平台公司不得新增政府债务。

《关于进一步规范地方政府举债融资行为的通知》(财预〔2017〕50号)要求:进一步规范融资平台公司融资行为管理,推动融资平台公司尽快转型为市场化投融资主体、依法合规开展市场化融资,地方政府及其所属部门不得干预融资平台公司日常运营和市场化融资;强调地方政府及其所属部门不得以文件、会议纪要、领导批示等任何形式,要求或决定企业为政府举债或变相为政府举债。

长期以来,在"贷款修路,收费还贷"政策指导下,我国政府还贷收费公路建设发展筹融资由交通运输行政事业单位和企业作为融资主体,主要采取向银行申请贷款方式解决资金不足问题。根据中央系列改革文件,切断了地方政府与融资平台之间、地方政府债务与银行体系之间的联系,过去作为地方政府融资平台的交通运输行政事业单位和企业不得继续作为地方政府举借债务融资主体,地方政府举借债务只能通过政府及其部门发行债券的方式。随着财税体制改革和交通投融资体制改革的深入推进,原作为政府融资平台的高速公路经营企业统筹公路建设发展的模式将难以为继,要切实厘清政府和企业的责任边界,加快推进融资平台公司市场化转型,由依靠政府信用向依靠自身信用的一般工商企业转型,转型后的交通融资平台公司可通过获取高速公路特许经营权,以市场化的融资方式投资建设和运营高速公路项目。对于一些地方交通国有企业还可联合央企、民营资本等社会资本组建联合体参与非本级政府管理的高速公路PPP项目投资建设运营管理;也可受本级政府委托,具体承担本级政府管理的政府收费(还债)公路的建设运营管理。

3. 规范政府与社会资本方合作等融资行为

虽然PPP模式得到快速发展和广泛应用,但是自2017年起中央连续出台文件,从防范政府债务风险和金融风险角度出发,对地方政府、金融机构和央企PPP参与各方进行严格规范管理,PPP从"狂热"向"理性规范"发展转变。根据中央文件精神,在设立各类政府投资基金、推广应用PPP时,坚持共同出资、共担风险原则,不得以"名股实债""保底收益"等方式吸引社会资本参与,不得通过政府付费类PPP模式等形成政府中长期支出事项债务,也不得通过政府购买服务向金融机构融资。同时要求各地政府摸底排查本地违规融资行为,全面清理整改。此外,高速公路行业争取金融机构支持的难度也在增加。中央文件要求金融机构要审慎合规,严格把关,并坚决问责继续涉及地方政府违法违规融资担保的金融机构及其相关负责人和授信审批人员。要求金融机构打破财政兜底幻想,按市场化原则评估借款人财务能力和还款来源,不得随意提供中长期、低利率融资,避免简单将偿债风险后移。可见,国家对政府与社会资本方合作等融资行为规范管理的力度不断加大,政策环境呈现趋紧态势。

4. 规范发行地方政府收费公路专项债券

随着《中华人民共和国预算法》(2014年修订)的实施和国发〔2014〕43号文的出台,地方原有各类交通融资平台的政府融资功能被取消,发行地方政府债券成为地方政府实施举债融资新建公路的唯一渠道。2017年6月30日,财政部、交通运输部印发了《地方政府收费公路专项债券管理办法(试行)》(财预〔2017〕97号),明确地方政府收费公路专项债券是地方政府专项债券的一个品种,以项目对应并纳入政府性基金预算管理的车辆通行费收入、专项收入偿还的专项债券。收费公路专项债券的出台,是国家在堵住违规举债后门的同时,给政府收费公路开的前门。此外,根据中共中央办公厅、国务院办公厅印发的《关于做好地方政府专项债券发行及项目配套融资工作的通知》明确,对于专项债券支持、符合中央重大决策部署、具有较大示范带动效应的重大项目(包括高速公路),在评估项目收益偿还专项债券本息后专项收入具备融资条件的,允许将部分专项债券作为一定比例的项目资本金,但不得超越项目收益实际水平过度融资。即收费公路专项债券的使用范围进一步扩大,也可以用于重大高速公路项目的资本金。

第三节 收费公路政策调整及趋势研判

一、收费公路相关最新政策

目前,我国有关高速公路收费的法律法规主要有:《中华人民共和国公路法》(2017年11月4日第五次修正)、《收费公路管理条例》(中华人民共和国国务院令2004年第417号)、《收费公路权益转让办法》(交通运输部、国家发展和改革委员会、财政部令2008年第11号)等,对收费公路设立、经营管理、收费标准、收费期限、权益转让、信息公开、通行服务等各方面做出了具体规定。这些政策制度对促进公路事业发展、规范收费公路管理起到了重要作用,但随着经济社会的快速发展、国家公路网的逐步完善,特别是国家财税体制改革的推进,现行收费公路政策制度已不适应新时期的发展要求,迫切需要调整完善。

为贯彻落实党中央、国务院关于"深化收费公路制度改革,降低过路过桥费用"的部署要求,完善收费公路管理制度,进一步适应全面深化改革、支撑交通强国建设、保障收费公路可持续发展的需要,启动了《收费公路管理条例》评估与修订工作,于2015年7月就《收费公路管理条例(修订送审稿)》公开征求意见,后于2018年12月20日至2019年1月20日就《收费公路管理条例(修订草案)》再次公开征求意见。从本轮修订情况看,收费公路的相关政策调整主要聚焦在9个方面:

(1)提高收费公路设置门槛。
(2)明确收费公路的偿债期限和经营期限的确定原则。
(3)完善政府收费公路"统借统还"制度。
(4)建立养护管理收费制度。
(5)明确车辆通行费收费标准确定因素。
(6)取消收费站设置审批。
(7)规范收费公路转让行为。
(8)保障和提高收费公路服务质量。
(9)强化对收费公路的监管。

二、收费公路政策趋势研判

根据《公路"十四五"发展规划》,未来五年我国将持续深化收费公路制度改革。完善收费公路制度,促进收费公路控规模、调结构、降成本、防风险、强监管、优服务。建立收费标准动态评估调整机制,出台公路资产管理办法,建立收费公路债务风险防控机制。进一步优化完善高速公路电子不停车快捷收费服务,保障系统稳定有序运行,加强路网运行保障。推动开展里程税改革试点。通过梳理近年来的收费公路相关政策及调整变化,可以研判未来我国收费公路政策的发展趋势主要有以下几个方面:

1."收税"与"收费"并行是公路收费体制的主基调

在我国,高速公路收费体制完善的过程中一直伴随着各种争议,至今业内对于高速公路是否应该收费、收多少、收多久、怎么收、向谁收等问题仍未完全达成一致。然而"用路者付费"是始终坚持的基本原则之一,我国将尽可能达成通过"收税"与"收费"并行的方式,兼顾和保障不同用路群体的权益,向公众提供可自由选择的差异化公路通行服务。"收税"与"收费"并行方式主要是指占公路总里程97%左右的非收费公路是主体,实现全国范围的通达,由一般公共预算保障其建设、养护、管理及改扩建等资金需求;占公路总里程3%左右的以高速公路为主的收费公路是补充,采取直接征收车辆通行费的方式。收费公路规模将受到严格控制,各省级人民政府需科学合理地确定收费公路的建设规模,向社会公开相关信息,充分听取意见建议,并向国务院交通运输主管部门备案;车辆通行费收入无法满足债务利息和养护管理支出需求的省份不得新建收费公路,防止盲目投资建设,实现收费公路良性发展。

2. 高速公路长期收费将得到政策支持

未来高速公路将秉持"长期限、高品质"的收费理念,政府收费公路中的高速公路不再规定具体的收费期限,按照用收费偿还债务的原则,以该路网实际偿债所需时间为准确定偿债的收费期限;特许经营的高速公路的经营期限按照收回投资并有合理回报的原则确定,一般不得超过30年,但对于投资规模大、回报周期长的高速公路,可以约定超过30年的特许经营期限。政府收费高速公路在政府性债务偿清后以及特许经营高速公路经营期届满后,其养护、管理资金可以由公共财政负担,也可按满足基本养护、管理支出需求和保障效率通行的原则继续实行养护管理收费,以解决高速公路养护费用的问题,保证高速公路提供高品质的通行服务。

3. 建立差异化收费、收费标准动态评估调整机制

未来将债务规模、利率水平、投资规模、合理回报、养护运营管理成本、物价水平、偿债期限、经营期限、交通流量等作为政府收费公路和经营性公路收费标准的确定因素。进入养护期的高速公路,将根据实际养护管理成本、当地物价水平以及交通流量等因素重新核定收费标准。2017年,交通运输部开始在山西、浙江、河南、湖南四省,针对交通量分时段差异明显、交通量分路段差异较大、交通量未达到设计通行能力、区域路网整体运行效率不高四种情况的高速公路,探索开展适合省情的高速公路分时段差异化收费试点。通过试点工作,将探索不同收费标准,促使高速公路交通流量在不同时段、不同路段分配更加均衡、合理,充分发挥高速公路网络效益,有利于提升高速公路路网效率和效益,达到降本增效的效果。

4. 社会资本参与收费公路建设面临更多机遇

对于政府收费公路投资,除公共财政资金投入外,将统一采取发行地方政府专项债券方式筹集,用通行费收入偿还,但受政府财政资金和地方政府专项债券发债额度的限制,此类收费公路的规模将会比较小。这也为特许经营收费公路(特别是高速公路)提供了广阔的发展空间,包括国内外经济组织通过依法投资建设[包括采用政府和社会资

本合作(PPP)模式、建设—经营—转让(BOT)模式]或者依照规定受让公路收费权两种模式。此外,政府特许经营将更加强调契约精神,一方面,公路经营者的合法权益将会得到更为有效的保障,另一方面,政府也将更加强化监管,公路经营者将致力于提高公路通行服务水平,提供高品质的通行服务。

CHAPTER FOUR 第四章

高速公路收费与经营管理

第一节　收费公路发展现状

一、建设投资情况

截至 2020 年底,全国收费公路累计建设投资总额为 108075.1 亿元(图 4-1)。与 2019 年相比,全国收费公路累计建设投资总额净增 12979.0 亿元,增长 13.6%。在累计建设投资总额中,资本金投入为 34432.5 亿元,占收费公路累计建设投资总额的 31.9%。截至 2020 年底,经营性公路累计建设投资 62271.7 亿元,占收费公路累计建设投资总额的 57.6%,其中,累计资本金投入 20551.4 亿元,占比 33.0%;累计债务性资金投入 41720.4 亿元,占比 67.0%。在经营性公路建设投资中,高速公路累计建设投资 59237.8 亿元,一级公路 1128.3 亿元,二级公路 203.7 亿元,独立桥梁及隧道 1701.9 亿元,占比分别为 95.1%、1.8%、0.3% 和 2.7%。

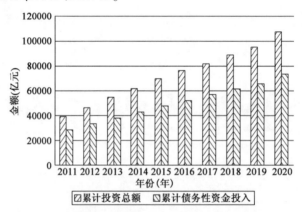

图 4-1　收费公路累计建设投资总额(2011—2020 年)
注:累计建设投资总额指历年和当年建设投资额的合计。

二、收费规模与结构

截至 2020 年底,全国收费公路里程为 17.92 万公里,占公路总里程 519.81 万公里的 3.45%。其中,高速公路 15.29 万公里,一级公路 1.74 万公里,二级公路 0.79 万公里,独立桥梁及隧道 1068 公里,占比分别为 85.3%、9.7%、4.4% 和 0.6%(图 4-2)。与 2019 年相比,全国收费公路总里程由 17.11 万公里增加到 17.92 万公里,净增 0.81 万公里,增长 4.7%。其中,高速公路里程由 14.28 万公里增加到 15.29 万公里,净增 1.01 万公里,增长 7.1%;一级公路由 1.86 万公里减少到 1.74 万公里,净减 0.12 万公里,减少

6.5%;二级公路里程由0.87万公里减少到0.79万公里,净减0.08万公里,减少9.2%;独立桥梁隧道里程由1024公里增加到1068公里,净增44公里,增长4.3%。

截至2020年底,全国经营性公路里程9.57万公里,占全国收费公路里程的53.4%。其中,经营性高速公路8.68万公里,一级公路0.41万公里,二级公路0.39万公里,独立桥梁及隧道865公里,分别占经营性公路里程的90.7%、4.3%、4.1%和0.9%(图4-3)。经营性高速公路占收费高速公路里程的56.8%。

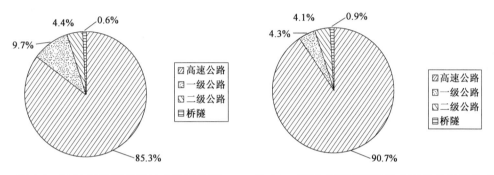

图4-2　2020年收费公路技术等级构成　　图4-3　2020年经营性收费公路技术等级构成

三、收费站情况

截至2020年底,全国收费公路共设主线收费站965个。其中,高速公路484个,一级公路300个,二级公路122个,独立桥梁及隧道59个,占比分别为50.2%、31.1%、12.6%和6.1%(图4-4)。与2019年相比,全国收费公路主线收费站由1267个减少至965个,净减302个,减少23.8%。随着普通收费公路逐步有序取消收费,以及取消高速公路省界收费站,全国收费公路主线收费站的数量进一步减少,车辆通行效率进一步提高。

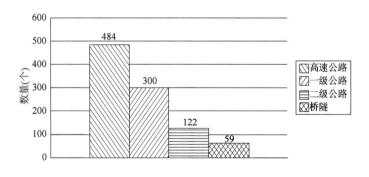

图4-4　2020年收费公路主线收费站数量

第二节 收费公路建设与经营

一、建设成本情况

根据交通运输行业统计数据,2010年全国高速公路的平均建设成本约为7541万元/公里,2015年全国高速公路的平均建设成本约为6853万元/公里,2020年全国高速公路的平均建设成本约为11824万元/公里,其中东部地区的平均建设成本高于中西部地区,见表4-1。

2021—2020年高速公路建设成本   表4-1

年　份	新增里程	固定资产投资总额	平均建设成本
2010年	0.91万公里	6862.20亿元	7541万元/公里
2015年	1.16万公里	7949.97亿元	6853万元/公里
2020年	1.14万公里	13479亿元	11824万元/公里

注:数据来源于交通运输行业发展统计公报。通过年度高速公路固定资产投资与新增里程数据推算单公里建设成本,与项目实际建造成本相比因为存在时间差而并不准确,这里只是近似评估。

从表4-1可以看出,高速公路建设成本近年来增长较快,影响因素众多,包括高速公路桥隧结构物和互通立交的增加、政策处理费用增加、人工和地方材料价格上涨、行业内标准规范的更新、行业外收费增多、临时工程增加以及对公路产品的要求提高(包括绿色工程、品质工程、环境保护)等。根据调研,一是随着高速公路建设里程的不断增长,高速公路项目桥隧比普遍提高,如保神高速公路桥隧比高达85.36%,泸石高速公路桥隧比高达86.5%,雅康高速公路桥隧比高达82%。经估算桥隧比每增加1%,将增加投资80~120万元/公里。二是2016年以来高速公路建设征地拆迁费用,土地占补平衡指标费增加,使征地费用增加较高❶。如东部某省目前平均征地单价为30万/亩❷,个别地区最高征地单价已达75万元/亩。三是人工成本与材料费用上涨。2008年,各省公路工程人工费为40~60元/工日,到2020年,基本都上涨到100元/工日以上。关于主材价格,据估算,钢筋、水泥、沥青三大主要材料每浮动10%,引起建安费增减3%~5%。另

---

❶ 2016年原国土资源部(现自然资源部)发布《关于补足耕地数量与提升耕地质量相结合落实占补平衡的指导意见》(国土资规〔2016〕8号),提出实施耕地提质改造,通过耕地补改结合,实现建设占用耕地占一补一,占优补优,占水田补水田,确保耕地占补平衡数量质量双到位。

❷ 1亩=666.67平方米。

外,由于全社会更注重绿色生态和环境保护,大量矿场被清理整顿,河道采砂被严控,导致地方材料价格持续大幅上涨,使材料费总体上扬。

此外,影响到具体公路工程建设项目成本的因素还有很多,如地形地貌、土地成本、拆迁量、地质构造(包括是否有软土地基)、桥梁隧道等构造物数量、车道数、摊铺材料等。未来,随着我国高速公路建设逐步向西部地区、大山区延伸,受建设条件限制,桥梁隧道比不断增大,高速公路建设成本还会不断攀升。

二、养护与管理成本

公路养护是指为保持公路经常处于完好状态,防止其使用质量下降,并向公路使用者提供良好的服务所进行的作业。公路养护与管理费用是指公路建设完成投入运营后,为保持公路路况和服务水平,每年均需要稳定投入的保养、维护和管理费用,其中养护费用包括日常养护费、养护设施设备购置费、路面大中修及改建费、桥梁加固与重建费、养护检查检测费、应急防治费等,管理费用包括养护管理人员、机构运营维护等费用。我国单位里程收费公路养护及管理费用见表4-2、表4-3。

单位里程收费公路养护支出(万元/公里) 表4-2

年　份	全部收费公路	政府还贷收费公路	经营性收费公路
2015年	30.6	26.6	37.3
2020年	41.5	37.7	44.8

单位里程收费公路管理费用(万元/公里) 表4-3

年　份	全部收费公路	政府还贷收费公路	经营性收费公路
2015年	32.1	23.4	46.3
2020年	42.2	36.5	47.0

注:上述数据是根据全国收费公路统计公报分析。

三、通行费收支情况

1. 通行费收入情况

2020年度,全国收费公路通行费总收入为4868.2亿元。其中,高速公路4566.2亿元,一级公路85.0亿元,二级公路22.0亿元,独立桥梁及隧道194.8亿元,占比分别为93.8%、1.7%、0.5%和4.0%。与2019年相比,全国收费公路通行费总收入净减1069.7亿元(其中,高速公路净减984.8亿元,一级公路净减29.1亿元,二级公路净减19.1亿元,独立桥梁及隧道净减36.7亿元),下降18.0%。主要原因是,为做好新冠肺炎疫情防控工作,两次延长春节假期小型客车免费通行政策,共免收通行费19.8亿元;2020年2月17日至5月5日期间,又免收车辆通行费1593亿元。

2020年度,经营性公路通行费收入3142.8亿元,占收费公路通行费收入总额的64.6%。其中,经营性高速公路通行费收入2928.6亿元,一级公路31.7亿元,二级公路16.1亿元,独立桥梁及隧道166.4亿元,分别占经营性公路通行费收入的93.2%、1.0%、0.5%和5.3%。与2019年相比,经营性公路通行费总收入由3628.9亿元减少到3142.8亿元,净减486.1亿元,下降13.4%,主要原因是新冠肺炎疫情防控期间免收车辆通行费。其中,高速公路由3368.1亿元减少到2928.6亿元,净减439.5亿元,下降13.0%;一级公路由41.9亿元减少到31.7亿元,净减10.3亿元,下降24.5%;二级公路由23.5亿元减少到16.1亿元,净减7.4亿元,下降31.5%;独立桥梁及隧道由195.3亿元减少到166.4亿元,净减28.9亿元,下降14.8%。

2.通行费支出情况

2020年度,全国收费公路支出总额12346.4亿元。其中,偿还债务本金7180.1亿元,偿还债务利息3061.3亿元,养护支出744.1亿元,公路及附属设施改扩建工程支出312.0亿元,运营管理支出755.4亿元,税费支出293.6亿元,占比分别为58.2%、24.8%、6.0%、2.5%、6.1%和2.4%。与2019年相比,全国收费公路支出总额净增1558.7亿元,增长14.4%,主要原因是随着债务规模持续扩大,还本付息支出不断增加。其中,偿还债务本金支出净增1587.5亿元,偿还利息支出净增244.3亿元,养护支出净减81.9亿元,公路及附属设施改扩建工程支出净减51.8亿元,运营管理支出净减2.6亿元,税费支出净减126.7亿元。在高速公路里程明显增长的大背景下,运营管理等支出不增反降,主要是得益于取消高速公路省界收费站大力发展电子不停车快捷收费和全面实施高速公路入口称重检测后,运营成本下降,路况保护水平提升,促进了降本增效。

2020年度,经营性公路支出总额为7518.3亿元,占收费公路支出总额的60.9%。其中,偿还债务本金支出4556.8亿元,偿还债务利息支出1606.8亿元,养护支出428.9亿元,公路及附属设施改扩建工程支出229.5亿元,运营管理支出450.0亿元,税费支出246.3亿元,分别占经营性公路支出总额的60.6%、21.4%、5.7%、3.1%、6.0%和3.3%。与2019年相比,经营性公路支出总额净增1554.5亿元,增长26.1%。其中,偿还债务本金支出净增1420.7亿元,偿还债务利息支出净增329.9亿元,养护支出净减25.3亿元,公路及附属设施改扩建工程支出净减85.5亿元,运营管理支出净增26.6亿元,税费支出净减104.5亿元。

3. 通行费支出平衡情况

2020年全国收费公路收支平衡结果为-7478.2亿元(图4-5)。其中,高速公路收支缺口7177.4亿元,一级公路收支缺口208.3亿元,二级公路收支缺口15.2亿元,独立桥梁及隧道收支缺口77.3亿元。受收入减少、支出增加两方面因素的影响,2020年度全国收费公路通行费收支缺口比上年增加2628.4亿元,增长54.2%。

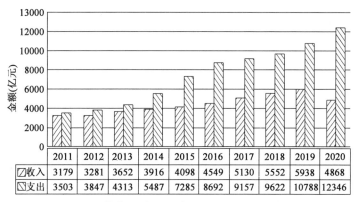

图4-5 收费公路收支情况(2011—2020年)

2020年全国经营性公路收支平衡结果为-4375.6亿元(图4-6)。其中,高速公路收支缺口4231.3亿元,一级公路收支缺口75.9亿元,二级公路收支缺口13.2亿元,独立桥梁及隧道收支缺口55.1亿元。

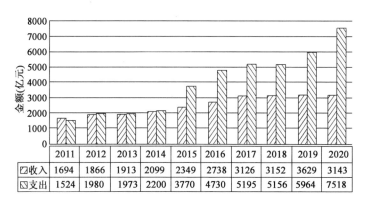

图4-6 经营性公路收支情况(2011—2020年)

第三节 收费公路管理体制机制

从广义上讲,收费公路管理体制机制包括收费公路建设、运营、养护、监管、投融资等内容。而从狭义上讲,收费公路管理体制机制主要指运营体制机制,指的是收费公路管理机构设置及其管理权限的划分制度。由于目前全国收费公路管理事权主要以各省为主,具体在各地表现为收费公路运营管理体制机制方面形式多样、复杂多变,运营管理主体多元化。

一、管理体制发展历程

20世纪80年代末至90年代初,对高速公路的管理沿袭我国公路管理的"统一领导、分级管理"原则,各省陆续成立了高速公路管理局,对高速公路实行从建设到运营的全过程管理。

1992年3月,国务院办公厅印发《关于交通部门在道路上设置检查站及高速公路管理问题的通知》(国办发〔1992〕16号)指出:目前我国高速公路正在起步阶段,如何管好高速公路,需要有一个积累经验的过程。因此,各地对高速公路管理的组织机构形式,由省、自治区、直辖市人民政府根据当地实际情况确定,暂不作全国统一规定。根据这一通知要求,部分省(区、市)在高速公路管理方面进行了探索。

1993年开始的投资体制改革,使高速公路建设筹资方式由单纯依靠政府投资,逐步发展到政策筹资和社会融资,从单一的公路规费、专项基金发展到利用银行贷款、向社会发行债券、股票和有偿转让公路收费权以及利用外资等多元化、多样化的格局,建立并坚持了"国家投资、地方筹资、社会融资、利用外资"和"贷款修路、收费还贷、滚动发展"的投融资体制。同时,伴随着国家"政企分开"的改革,在高速公路的管理上更多强调企业行为,"一路一公司"模式建设管理高速公路调动了各界积极性,促进了高速公路的第一次快速发展(1993—1997年),各地的管理模式多样化,高管局、高速公司、高速集团、高速上市公司等都成为高速公路的实质管理主体,部分省的行业主管则明确为交通厅或公路局。

1996年,国家投融资体制改革,决定对固定资产投资项目实行项目资本金制度和项目法人责任制。这两项制度的实施,要求高速公路建设项目必须首先落实项目资本金并成立相应的项目法人组织。在此背景下,全国许多省份按照《中华人民共和国公司法》的规定组建了省级公路集团公司或类似机构,实行企业化管理,逐步走向以项目法人承担建设责任,以企业法人实行建设、运营、还贷、移交全过程的管理模式。

2004年7月,国务院发布《关于投资体制改革的决定》规定:放宽社会资本的投资领域,允许社会资本进入法律法规未禁入的基础设施、公用事业及其他行业和领域。国家投资体制改革政策的出台,极大拓宽了社会资本在交通基础设施领域"施展拳脚"的空间。

至此，经历了多年的探索式发展，高速公路已经从最初的路段管理处或者"一路一公司"，发展到今天以国有高速公路集团公司或高速公路管理局为主体，多种模式并存的发展局面。

二、管理体制发展现状

我国收费公路从无到有发展了三十多年的时间，但是对收费公路的管理仍在探索完善阶段，目前全国各地的收费公路管理模式差别很大。以下依据收费公路从规划到运营管理的不同阶段，进行归纳。

1. 规划阶段

国家层面制定了《国道主干线系统规划》（交计发〔1993〕600号）和《国家高速公路网规划》（交规划发〔2005〕40号），由国务院批准实施。同时，各省在国家规划基础上编制了本省域的高速公路网规划，由省政府批准实施。国家规划的高速公路基本都是各省高速公路网中的骨架公路，两个规划的主体分别是两级政府，而规划实施的主体主要以地方为主。从建设资金来看，高速公路的建设资金构成包括国家重点项目的国家预算投资、车购税资金及各省的配套资金，其余资金来源包括社会资金、外资及国外政府或金融组织贷款，非资本金部分主要通过金融机构贷款，资本金部分也有变相的市场融资贷款，据估计，目前经营性高速公路的建设资金中60%以上是金融机构贷款。

2. 建设阶段

高速公路的建设主要分为建管分离和建管一体两种模式。前者即建设阶段由专门机构作为项目业主负责管理，建成后由另一专门机构负责运营管理，一些省份成立的常设性的高速公路建设局、高速公路建设指挥部属于这种类型。后者是指由一个管理机构负责从建设到运营全过程的管理。

3. 运营阶段

从效益核算机制来看，收费公路管理的核算体制可以分为事业管理型、企业管理型和事业单位企业化管理型三类。事业管理型：核算方式采用自收自支形式，实行"收支两条线"管理，通行费收入全部存入财政专户，养护管理经费根据年度计划由上级主管部门审批划拨。企业经营型：完全采用企业公司核算方法，在经济上实行独立核算，自负盈亏。事业单位企业化管理型：在机构设置及经费使用上基本沿用事业管理型体制，在财务核算上借助公司核算方法的某些优势，并根据核算方式的侧重不同，形成准事业性或准企业性的管理。

CHAPTER FIVE 第五章

高速公路投资识别与重点

第一节　高速公路规划与实施情况

一、高速公路规划情况

1.《国家高速公路网规划》(2005年)

2004年,国务院审议通过了我国第一个《国家高速公路网规划》,规划方案由7条首都放射线、9条南北纵线和18条东西横线组成(简称为"7918"网),总规模约8.5万公里,静态投资2.2万亿。其中,包括主线6.8万公里,辽中环线、成渝环线、海南环线、珠三角环线、杭州湾环线共5条地区性环线以及2段并行线和30余段联络线约1.7万公里。东、中、西部地区里程分布各约占30%、30%、40%,投资各约占20%、25%、55%。

2.《国家综合立体交通网规划纲要》(2021年)

为加快建设交通强国,构建现代化高质量国家综合立体交通网,支撑现代化经济体系和社会主义现代化强国建设,2021年2月,中共中央、国务院印发《国家综合立体交通网规划纲要》,规划期为2021—2035年,远景展望到21世纪中叶。纲要提出,完善铁路、公路、水运、民航、邮政快递等基础设施网络,构建以铁路为主干,以公路为基础,水运、民航比较优势充分发挥的国家综合立体交通网。到2035年,国家综合立体交通网实体线网总规模合计70万公里左右(不含国际陆路通道境外段、空中及海上航路、邮路里程),其中铁路20万公里左右,公路46万公里左右,高等级航道2.5万公里左右。国家高速公路网16万公里左右,由7条首都放射线、11条纵线、18条横线及若干条地区环线、都市圈环线、城市绕城环线、联络线、并行线组成;普通国道网30万公里左右,由12条首都放射线、47条纵线、60条横线及若干条联络线组成。

3.《公路"十四五"发展规划》(2021年)

"十四五"期,交通运输基础设施建设任务仍较重,提质增效升级和高质量发展要求依然迫切。2021年11月,交通运输部印发《公路"十四五"发展规划》,对于全国"十四五"期公路建设提出具体规划安排,高速公路通达城区人口10万以上市县,基本实现"71118"国家高速公路主线贯通,普通国道等外及待贯通路段基本消除,东中部地区普通国道基本达到二级及以上公路标准,西部地区普通国道二级及以上公路比重达70%,沿边沿海国道技术等级结构显著改善,乡镇通三级及以上公路、较大人口规模自然村(组)通硬化路比例均达到85%以上,路网结构进一步优化,网络覆盖更加广泛。

加快推进国家高速公路贯通互联。以中西部地区为重心,加快国家高速公路待贯通路段建设,优先打通"71118"主线和省际衔接路段,进一步扩大路网覆盖,强化区际衔接,提升国家高速公路网络质量和整体效应。

持续推进国家高速公路繁忙通道扩容改造。以东中部地区为重心,积极发挥市场作用,推进北京至上海、北京至港澳、长春至深圳、上海至昆明、连云港至霍尔果斯等建设年代较早、技术指标较低、交通繁忙的国家高速公路路段扩容改造,合理选择建设方案,鼓励有条件路段优先采用原路扩容方案,集约节约利用通道和土地资源,优化通道能力配置,提升国家高速公路网络运行效率和服务水平。

积极完善城市群都市圈快速网络。支撑城市群互动发展,加强京津冀、长三角、粤港澳大湾区和成渝地区双城经济圈等重点区域城际快速通道建设,构建高速公路环线系统,提升区域交通一体化水平。适应城市空间拓展要求,有序推进特大城市和城市群核心城市绕城高速、城市出入口路段、互通式立交等建设改造,服务都市圈同城化发展。

稳步推进重大战略性通道建设。加强出疆入藏、中西部地区、沿江沿海沿边战略骨干通道建设。深化促进陆海双向开放,稳步推进西部陆海新通道建设。加快推动跨海峡海湾、大江大河通道建设,对于沪甬跨海通道等影响大、利长远的重大工程,积极开展前期研究和技术攻关,适时启动项目建设。

合理引导地方高速公路建设。指导地方在国家综合立体交通网框架下完善省级高速公路网规划布局,做好与国土空间规划的衔接协调。合理把控高速公路规模和建设节奏,探索开展高速公路发展适应性评价工作,进一步提高规划决策和项目管理水平,严守债务风险底线。

4.《国家公路网规划》(2022年)

本次《规划》提出,国家公路网规划总规模约46.1万公里,由国家高速公路网和普通国道网组成。其中,国家高速公路网约16.2万公里,由7条首都放射线、11条北南纵线、18条东西横线,以及6条地区环线、12条都市圈环线、30条城市绕城环线、31条并行线、163条联络线组成,未来建设改造需求约5.8万公里,其中含扩容改造约3万公里。普通国道网约29.9万公里,由12条首都放射线、47条北南纵线、60条东西横线,以及182条联络线组成,未来建设改造需求约11万公里。

与2013年版相比,此次国家公路网规划总规模增加了约6万公里。其中国家高速公路主骨架没有变,净增里程约2.6万公里,主要是增设了12条都市圈环线、11条并行线和58条联络线,调整了6条既有规划路线走向。普通国道净增里程约3.4万公里,主要增设了101条联络线,调整了41条既有规划路线走向。

5. 省级高速公路规划情况

各省多数均制定了高速公路规划发展的制度文件,或在相关规划文件中对高速公路网发展规划进行明确。省级高速公路网规划主要对接国家高速公路网规划框架,依据各省发展实际及需求,对省内高速公路及省际高速公路进行系统的布局和规划。在国家提出建设交通强国的重大战略部署之后,多数省份出台了高速公路网阶段性发展规划,提出到2035年的阶段发展目标,不断完善省内综合交通网络布局。

二、高速公路建设情况

"十三五"期间,全国高速公路建设快速推进,2020年高速公路通车里程达16.1万公里,其中国高11.3万公里,地高4.8万公里。与2015年相比,全国高速公路里程增加3.75万公里,其中地方高速公路新增0.41万公里,国家高速公路新增3.34万公里。地方高速公路年均增长率为1.8%,国家高速公路年均增长率为7.3%。具体见表5-1、图5-1。

全国及不同层次高速公路规模变化情况　　　　表5-1

年份(年)	全国(万公里)		地方高速公路(万公里)			国家高速公路(万公里)		
	总里程	新增里程	总里程	新增里程	年增长率	总里程	新增里程	年增长率
2011	8.49	1.08	2.13	0.49	23%	6.36	0.59	9%
2012	9.62	0.44	2.82	0.69	24%	6.8	0.44	6%
2013	10.44	0.82	3.36	0.54	16%	7.08	0.28	4%
2014	11.19	0.75	3.88	0.52	13%	7.31	0.23	3%
2015	12.35	1.16	4.39	0.51	12%	7.96	0.65	8%
2016	13.10	0.74	3.18	−1.21	−28%	9.92	1.96	25%
2017	13.65	0.65	3.42	0.24	8%	10.23	0.39	4%
2018	14.26	0.61	3.71	0.29	8%	10.55	0.33	3%
2019	14.96	0.70	4.1	0.39	11%	10.86	0.31	3%
2020	16.10	1.14	4.8	0.7	17%	11.30	0.44	4%

注:数据来源于年度交通运输行业发展统计公报。

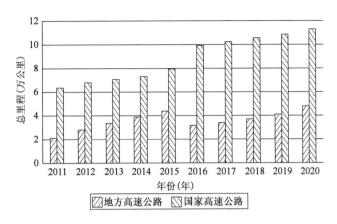

图 5-1 不同层次高速公路建设速度对比

"十四五"时期,新改建高速公路 2.5 万公里,其中新建 2 万公里,扩容改造 5000 公里。东部地区以繁忙通道扩容改造为主;中部地区在加快打通剩余待贯通路段的同时,兼顾重点通道能力提升;西部地区以剩余待贯通路段建设为主。

第二节 高速公路投资影响因素识别

识别高速公路投资机会,可借鉴项目投资价值评价方法,构建高速公路投资项目价值识别的主要影响因素,包括项目实施重要性(规划战略地位等)、沿线经济发展、区位资源优势、政策配套支持、项目竞争格局等,具体见图 5-2 和表 5-2。

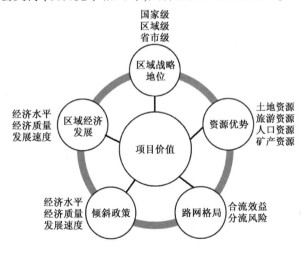

图 5-2 高速公路投资价值识别

表 5-2 基于投资价值评价的高速公路投资机会识别方法

因素指标	二级指标	三级指标	决策类型	决策结果	备注说明
经济水平	沿线经济发达	交通量大	单因素	投资	交通量大,投资收益高,符合企业投资追求
	沿线经济一般	交通量一般	单因素	投资	交通量经成长期培育,中远期增长潜力大,投资收益有较好保障
	沿线贫困地区	交通量低	多因素	组合其他因素	1. 交通量小,成本高,投资收益低,风险高,不适合投资; 2. 如属国家战略重点扶贫扶持项目,或沿线资源条件好,则具有投资价值
	国家战略项目	国家主通道、互联互通要道	单因素	投资	符合国家战略重点,属国家大通道或大通道间互联互通项目,沿线城镇化率高、人口多,资源集聚,交通流量有保障
区域地位	省市项目	市际联通高速	多因素	组合其他因素	1. 交通量小,成本高,投资收益低,风险高,不适合投资; 2. 如属省重点扶持项目,或沿线资源条件好,则具有投资价值
	一般通达项目	通县高速	单因素	组合其他因素	1. 单纯为满足县县通高速的项目,距离短,网络优势不大,交通量小,投资收益难以保证,不适合投资; 2. 如具有距离和网络优势或资源开发优势,且能够交通量有保障,则具有投资价值
资源优势	显著	连接1~2个5A级景区	单因素	投资	一般都是国家旅游经济带或重要旅游交通大通道,投资价值高,且具备高速公路建设与旅游综合开发优势
	较显著	连接1~2个4A以上景区	单因素	投资	一般区域旅游经济带或重要旅游交通大通道,具有较好投资价值,也利于企业统筹高速公路建设与拓展旅游开发
	一般	其他级别景区	多因素	组合其他因素	1. 资源优势小,交通需求量小,投资收益低,不适合投资; 2. 如沿线城镇化率高或交通区位优势明显,交通需求大,则具有投资价值

续上表

因素指标	二级指标	三级指标	决策类型	决策结果	备注说明
政策支持	国家政策支持	—	多因素	组合其他因素	权衡政策持久性及其支持带来的收益和便利,对投入产出的影响,以及其他因素条件对效益的补偿程度而定
	省支持	—	多因素	组合其他因素	权衡政策实效性及其支持带来的收益和便利,对投入产出的影响,以及能否争取到沿线土地、旅游等资源开发对效益补偿而定
	市县支持	—	多因素	组合其他因素	权衡政策实效性及其支持带来的收益和便利,对投入产出的影响,以及能否争取到沿线土地、旅游等资源开发对效益补偿而定
路网格局	增建线	舒堵复线	单因素	投资	多为早期建设的国家主干线高速公路,交通流量过大,能力饱和,拥堵严重,增建复线交通量增长快,量大,投资效益有保障
		国家高速公路共线分离线	单因素	投资	多为国家主干线高速公路共线路段,交通负荷大,大通道优势明显,新修建的分离路线车流量稳定,投资效益有保障
	新建线	一般新建线	多因素	组合其他因素	应综合考虑前述经济交通水平、资源条件和政策因素而定

053

一、区域战略地位

高速公路对加速资源要素跨区域便捷流动,促进区域经济社会协调发展的作用重大而深远,也是支撑国家战略、实现国富民强的重中之重。"十三五"期间,我国实施区域总体发展战略,构建"4大板块+3个支撑带",优化区域空间布局,以"一带一路"建设、京津冀协同发展、长江经济带建设为引领,加大对这些区域经济发展和交通建设支持,相应区域经济发展的动能充足,沿海沿江沿线经济带为主的纵向横向经济轴带进一步形成,交通运输需求更加旺盛。

未来在重点发展京津冀、长三角、珠三角三大城市群和东北地区、中原地区、长江中游、成渝地区、关中平原等城市群的引领下,城市群城际间交通运输需求将呈指数型增长。随着我国西部开发、东北振兴、中部崛起、东部率先"四个板块"的区域发展总体战略,以及重点服务"一带一路"、京津冀协同发展、长江经济带的国家"三大战略"不断实施,配套政策完善和资金倾斜支持,也将带动全社会力量的投入,如亚投行、金砖国家开发银行、丝路基金等金融机构倾斜支持,将为高速公路提供可靠的资金保障,并提供更为简洁便捷的项目审批、推进等便利化条件,加速实施,这些都是企业投资高速公路项目难得的机遇和条件。

二、区域经济发展

交通运输是经济发展的派生性需求,区域交通运输需求与经济发展速度和水平呈显著正相关关系。我国经济社会发展区域不平衡,决定了高速公路发展的不平衡,东、中、西部地区高速公路发展水平梯次递减,加上地质地形等条件影响造成西部高速公路总体建设投资和运营成本偏高,而交通量水平偏低,东中西部地区高速公路投资的收益梯次递减而风险梯次递增。"十三五"时期,中西部地区经济增速强劲,并且为了促进全国协调发展,地方也抢抓发展机遇,国家和中西部地区纷纷都出台了相关政策,针对项目收益低、风险高情况,实施针对性的倾斜支持政策,加快路网建设发展。

从各省"十三五"发展情况来看,河北、四川、重庆、陕西、江苏、福建、内蒙古、青海、甘肃9省保持经济中高速增长,增长速度高于全国6.5%左右的平均水平,其中西部地区占6席,重庆经济增速一直保持两位数的高速增长,甘肃、四川地区生产总值年均增长7%以上,人均GDP增长7%以上,交通需求也将保持中高速增长。同时,也是国家区域发展与脱贫攻坚的重点省份,尤其是甘肃南部陇南地区和四川西北部的阿坝与绵阳等地区,交通则是区域发展的主要"瓶颈",国家级大通道稀疏,通道之间互联互通需求迫切。

东部地区省份则明显不同,实现小康目标的可达性更高,江苏、浙江、福建、广东都明确要率先完成全面建成小康社会的目标,浙江、江苏则提出高水平全面建成小康社会的目标。但是,这些东部地区高速公路建设起步早、网络化程度高,但随着经济的飞速发展释放的交通需求来看,珠三角的广深、广深机场高速公路、广佛、京珠等通道上高速公路交通量持续多年快速增长,几近饱和;浙江的杭甬、杭金衢、杭宁高速公路等公路出现比较严重的交通拥堵,节假日更加严重,因此,适应经济发展新需求,开辟高速公路建设复线建设迫在眉睫。

据此,在选择投资项目区域时,应优先考虑区域经济发展的水平相对高、质量好,而且具备持续稳定发展动能的地区,而经济发展水平一般或者欠发达区域,应有针对性区别对待。

三、沿线资源优势

区域资源开发与通道建设发展是相互促进的良性互动循环关系。一方面,快速通道交通基础设施建成后,显著改善了区域交通网络化程度,大大降低运输时间、成本,提高了运输安全性、效益,使通道沿线各类资源开发走向市场,市场竞争力得以显示,资源优势转化为经济优势。通道上高快速交通基础设施建设前后的 3~5 年,土地资源升值开发的效益以最快的速度直接体现出来。如国内上海—南京、广州—深圳、北京—天津—塘沽、泉州—厦门、郑州—洛阳等一批国家级重要通道上的高速公路建设后,影响区域卫星城、产业园区、高新企业云集,沿线城镇土地开发价值上升 2~5 倍,甚至更高,充分证明了这一点。另一方面,随着通道沿线旅游资源、农产品供给资源、矿产资源的开发利用,释放旺盛的客货运输需求,带来通道交通运输量的迅猛增长。以旅游资源为例,交通快捷便利与否是影响旅游者决策的重要因素,游客评估选择决定旅游目的地的过程中,区域旅游的交通快速可达性,在一定的引力和外推力的作用下,游客流量与距离影响力是成反比的。在旅游效果影响要素中,与住宿、饮食、景点及其他服务消费等项目相比,60% 左右的人将交通列为首位。

"十二五"以来我国"四纵四横"客运通道上高速铁路、高速公路建成后,通道上综合客运需求量总量增加,典型的如武广通道、京沪通道、沈大、京津等通道高铁、高速公路建成后,通道经济飞速发展带来旺盛密集的旅客出行需求,由于城际间出行时间大大缩短,乘客旅游出行更加便利,旅游、探亲访友等游客数量增加量巨大。而直达知名景区的高速公路更为典型,徽杭高速公路和合铜黄高速公路等建设极大促进了黄山旅游业的发展,海南环岛高速公路建设诱发大量的旅游交通量,对全省旅游蓬勃发展发挥了显著乘数效应。宁德—武夷山高速公路将沿线武夷山、白水洋、太姥山等一批著名旅游资源串连成线,极大促进了海峡西岸经济区旅游产业带形成,旅游客运交通量以年均10%以上的速度快速攀升,自驾车旅游交通量增长超过15%。

"十三五"期间,随着全面建成小康社会的逐步实现,旅游消费持续快速增长,旅游资源开发和旅游业发展迎来新一轮黄金发展期,国内旅游量将达64亿人次,旅游总收入将达到7万亿元,自驾游和旅居车游将呈现井喷式增长。虽然2019年以来,各地新冠疫情暴发严重影响了旅游业的发展,但从长远趋势来看,旅游业将呈现大规模增长的态势。可重点关注与我国"十纵十横"综合交通运输大通道重合或紧邻的区域,以及兼具联结知名旅游景区或中西部地区国家级通道互联互通的交通要道。纵向上多分布于三级阶梯交接区域或过渡带,九寨沟—黄龙和丽江—大理—西双版纳旅游带等,横向如武夷山—白水洋—太姥山—三清山等,都是值得投资关注的旅游带。

四、相关政策支持

1. 车购税资金投资补助政策

为贯彻落实党中央、国务院决策部署,中央财政通过车购税资金专项用于支持公路等交通基础设施建设。"十三五"时期,车购税资金为加快建设交通强国、构建综合立体交通运输体系、推动"四好农村路"高质量发展提供了有力支撑。为服务构建新发展格局,深入贯彻推进《交通强国建设纲要》《国家综合立体交通网规划纲要》重要部署,落实《中共中央 国务院关于全面实施预算绩效管理的意见》《交通运输领域中央与地方财政事权和支出责任划分改革方案》等文件精神,财政部、交通运输部印发了《车辆购置税收入补助地方资金管理暂行办法》(财建〔2021〕50号)(以下简称《办法》),与"十三五"相比,《办法》落实交通运输领域中央与地方财政事权和支出责任划分改革方案要求,更加突出保障中央财政事权的支出责任,并根据不同时期发展目标对地方财政事权给予支持,提高对重大战略、重点项目的保障力度。

首先,突出支持重点。进一步提高车购税资金分配的针对性、导向性。一是更加突出保障中央财政事权的支出责任,将财政事权改革中新确定的"界河桥梁(隧道)""边境口岸汽车出入境运输管理设施"等中央财政事权项目纳入资金保障范畴。二是更加突出支持国家重大战略任务,将"综合交通运输"作为一个单独的支出方向,以支持现代综合立体交通网建设。三是聚焦支持重点,将符合国家战略方向的水运基础设施项目、启动国家应急响应的灾毁重建项目、部省信息化联网项目纳入支持范围。

其次,丰富支持方式。《办法》新增了两种支持方式:一是"以奖代补"。针对长期以来存在的"重建轻养""以建代养""只建不养"等问题,《办法》强化了政策绩效导向,采取"以奖代补"方式对普通省道、农村公路给予支持,重点考核建设任务完成情况、养护任务完成情况及地方财政投入情况,三类考核因素权重分别占50%、30%、20%,相关设计体现了建养并重的理念,并引导地方政府加强养护管理,加大养护投入。在考核方式上,将运用信息化手段,通过数据支撑系统对建设、养护任务各项考核指标进行考核。二是竞争性评审。为按交通运输领域财政事权与支出责任改革有关要求,落实地方政府主体责任,《办法》采取竞争性评审方式,以城市为实施主体支持综合货运枢纽体系建设,择优选取一批符合《国家综合立体交通网规划纲要》要求的综合交通枢纽城市,车购税资金将给予支持。

最后,加强系统支撑。《办法》要求地方各级交通运输主管部门对普通省道和农村公路的建设和养护实行项目库管理制度,省级交通运输主管部门会同财政部门建立满足"以奖代补"考核需要的真实、动态、可考核的数据支撑系统。各级交通运输主管部门要加快推进普通省道和农村公路管理相关业务系统信息化建设,提升行业整体信息化水平。

2. 其他支持政策

政府提供贷款贴息补贴。这项政策源于我国高速公路建设资金紧缺的20世纪90年代,部分政府为加快高速公路启动建设,以财政贴息的方式给高速公路投资运营企业,为企业投资建设高速公路提供财政支持,确保了一批国家级高速公路如期建设运营。部分省份延续至今。典型的如东部地区的福建省为了支持第一条国家重点高速公路泉州—厦门高速公路建设,在1999—2004年通过财政支出渠道安排资金,对福建发展高速公路股份有限公司给予政府补贴61300万元,有效确保了项目及时启动、按期建成,以及运营后前三年偿还银行贷款,帮助投资企业渡过难关。2013年福建省延续了省财政共安排高速公路财政贴息资金10.18亿元,贴息规模达历史新高。此外,吉林、福建、甘肃先后出台的关于加快高速公路建设的意见中,在"加大财税扶持力度"方面提出:政府财政预算中安排一定比例的资金作为高速公路项目资本金和项目融资财政贴息,见专栏5-1,这将为解决高速公路建设和运营初期资金紧张和运营困难提供强有力的支持。

专栏5-1:部分省财政贴息高速公路政策

福建省《关于加快高速公路建设指导意见》:各级政府应从财政一般预算中安排一定比例的资金用作高速公路项目资本金和项目融资财政贴息,视财力保持适当增长;高速公路施工企业建安营业税由各级财政通过预算安排作为市级资本金投入高速公路

> 建设,高速公路经营企业运营期缴纳的营业税、所得税地方分成部分及地方性税费,由各级财政安排用于所在市高速公路还本付息。
>
> 吉林省《关于加快高速公路建设指导意见》,加大财政支持力度。对"十三五"期间新开工建设的高速公路项目,省财政通过资本金补助及贴息给予支持。省高速公路集团有限公司通过银行贷款方式,筹集的省地共建项目建设资金,省财政按人民银行公布的当期基准利率给予运营期10年的贴息。

土地政策支持。我国高速公路建设用地政策支持多以省市合作的方式提供,土地由沿线市级政府负责提供,包括划拨、完成征地拆迁和补偿等工作,并以折价的方式转化为项目投资资金,在项目建成后投资比例分配相应的收益,这种方式在河南、福建、贵州、山东、江苏、浙江等很多部分省份采用。

税收优惠政策。落实国家支持公共服务事业的税收优惠政策,公共服务项目采取政府和社会资本合作模式的,按照规定享受有关税收优惠政策。例如福建、云南、江苏、浙江等省区市均在相关政策文件中提出了类似支持政策。福建省对高速公路企业免征水利基金,2013年预计免征水利基金2亿元,对收费还贷高速公路路产执行"不计提折旧"的政策。

企业经营拓展支持政策。吉林、福建、河南等省鼓励高速公路投资企业对沿线和相关的投资资源和资产进行开发利用,鼓励企业在符合土地利用总体规划和用途管制的前提下,利用本地区新(改)建交通枢纽周边、高速公路出口及连接线两侧国有土地进行开发,以地产开发增值等作为企业收益或资金来源,吸引社会资本参与高速公路建设。

五、路网格局

经过多年的发展,综合运输通道已经成为国家、区域间交通运输网络的骨架,国家区域级大通道由原来的公路、铁路等相对单一的交通运输方式,日益形成由高快速的高速公路、高速铁路等以及普通的国省道、铁路、水运等多种运输方式组成的综合交通运输要道。通道内每种运输方式的速度、时间、成本、安全性等技术经济特征和比较优势,决定了各自适应的客货运输需求种类、经济运距和功能发挥,在运输市场竞争机制的作用下,通过竞争分流、高效衔接和协同合作,达到不同运输方式分担交通运输量的合理分担,使每种运输方式都能各尽所能,发挥其应有的效用,实现通道建设经济、社会效益最大化,各种运输方式发展决策和运营服务最优化。从投资高速公路项目决策角度看,与通道内高速铁路、普通铁路、干线公路等对拟投资项目在交通量上的影响主要是两方面:

一方面是路网网络化规模效益。拟投资建设项目同一通道线位高速公路或不同路段、联络线等建设,可以改变投资高速公路项目孤立的交通区位优势,通过吸引汇集沿线诱增和转移交通量,汇合高速公路影响区域的交通量,也有利于拟建项目车流量的增长,发挥高速公路长距离、大通道的运输优势。随着高速公路沿线串行路网网络化程度提高,如国家高速公路断头路贯通,城际区域间中长距离交通运输快捷直达,大通道规模效益优势显现,或连接国家高速公路的支线公路网、城市出入口道路联通等,上下高速公路更为便利等,都将带来拟投资高速公路项目更多交通流量合流,使高速公路车流量稳定保持持续增长趋势,这应视为高速公路的规模化效益因素。

另一方面是路网并行分流的投资风险。区域或通道内并行高快速交通运输方式建设,会造成高速公路建设项目交通量的分流,视为高速公路建设投资的风险因素,而且是最直接、最主要的风险因素。随着我国综合交通运输体系建设的加快,区域综合交通格局进一步网络化,大通道上的高速铁路或并行高速公路、免费的国道一级公路建设运营后,尽管加速了通道上的综合交通运输需求量快速增长与释放,但高速铁路和高速公路或免费通行的国道一级公路等将分流拟建项目车流量,造成通道内各交通运输方式或同一方式不同线路上的激烈竞争,使拟投资高速公路项目交通量分流而降低。

未来投资机会,一方面,从路网网络化规模效益角度看,在中部和西部地区项目机会更大,尤其是中西部地区通道的交通区位、经济区位优势等相对明显,国家级大通道上的国家高速公路断头路,国家高速公路之间长期缺乏的互联互通、截弯取直的高速公路项目,以及部分中部地区国家城镇化发展重点区域,连接重点城镇且人口等资源分布优势明显的通道。另一方面,从避开路网并行分流风险角度看,区域或通道内并行高速铁路、国省道等造成高速公路建设项目交通量的分流,造成通道内各交通运输方式或同一方式不同线路上的激烈竞争,加大对拟投资建设项目的市场风险。

第三节　重点区域规划与投资政策

一、"一带一路"倡议与交通规划

"一带一路"(The Belt and Road,B&R)是"丝绸之路经济带"和"21 世纪海上丝绸之路"的简称,2013 年 9 月和 10 月,习近平主席分别提出共建"丝绸之路经济带"和"21 世纪海上丝绸之路"的重大倡议。依靠中国与有关国家既有的双多边机制,借助既有的、行之有效的区域合作平台,"一带一路"倡议旨在借用古代丝绸之路的历史符号,高举和平发展的旗帜,积极发展与沿线国家的经济合作伙伴关系,共同打造政治互信、经济融合、文化包容的利益共同体、命运共同体和责任共同体。

2017年2月,国务院批准发布《"十三五"现代综合交通运输体系发展规划》,明确提出打造"一带一路"互联互通开放通道,在丝绸之路经济带上主要是打造国际运输走廊。具体来说,以新疆为核心区,以乌鲁木齐、喀什为支点,发挥陕西、甘肃、宁夏、青海的区位优势,连接陆桥和西北北部运输通道,逐步构建经中亚、西亚分别至欧洲、北非的西北国际运输走廊。发挥广西、云南开发开放优势,建设云南面向南亚东南亚辐射中心,构建广西面向东盟国际大通道,以昆明、南宁为支点,连接上海至瑞丽、临河至磨憨、济南至昆明等运输通道,推进我国西藏自治区与尼泊尔等国交通合作,逐步构建衔接东南亚、南亚的西南国际运输走廊。发挥我国联通蒙古国、俄罗斯的区位优势,加强我国与俄罗斯远东地区陆海联运合作,连接绥芬河至满洲里、珲春至二连浩特、黑河至港澳、沿海等运输通道,构建至俄罗斯远东地区、蒙古国、朝鲜半岛的国际运输走廊。积极推进与周边国家和地区铁路、公路、水运、管道连通项目建设,发挥民航网络灵活性优势,率先实现与周边国家和地区互联互通。

2019年9月,中共中央、国务院印发了《交通强国建设纲要》,指出:构建互联互通、面向全球的交通网络。以丝绸之路经济带六大国际经济合作走廊为主体,推进与周边国家铁路、公路、航道、油气管道等基础设施互联互通。提高海运、民航的全球连接度,建设世界一流的国际航运中心,推进21世纪海上丝绸之路建设。拓展国际航运物流,发展铁路国际班列,推进跨境道路运输便利化,大力发展航空物流枢纽,构建国际寄递物流供应链体系,打造陆海新通道。维护国际海运重要通道安全与畅通。

2021年2月,中共中央、国务院印发了《国家综合立体交通网规划纲要》,指出:服务"一带一路"建设,加强国际互联互通,深化交通运输开放合作,提高全球运输网络和物流供应链体系安全性、开放性、可靠性;围绕陆海内外联动、东西双向互济的开放格局,着力形成功能完备、立体互联、陆海空统筹的运输网络;发展多元化国际运输通道,重点打造新亚欧大陆桥、中蒙俄、中国—中亚—西亚、中国—中南半岛、中巴、中尼印和孟中印缅7条陆路国际运输通道;强化国际航运中心辐射能力,完善经日韩跨太平洋至美洲,经东南亚至大洋洲,经东南亚、南亚跨印度洋至欧洲和非洲,跨北冰洋的冰上丝绸之路4条海上国际运输通道,保障原油、铁矿石、粮食、液化天然气等国家重点物资国际运输,拓展国际海运物流网络,加快发展邮轮经济;依托国际航空枢纽,构建四通八达、覆盖全球的空中客货运输网络。建设覆盖五洲、连通全球、互利共赢、协同高效的国际干线邮路网。

二、典型区域发展战略与交通规划

2014年9月,国务院发布《长江经济带综合立体交通走廊规划(2014—2020年)》,提出:到2020年,建成横贯东西、沟通南北、通江达海、便捷高效的长江经济带综合立体交通走廊。其中,在公路网络建设上,要形成以沪蓉、沪渝、沪昆、杭瑞高速公路为骨架的国家高速公路网和覆盖所有县城的普通国道网,实现具备条件的乡镇、建制村通沥青(水泥)路。

2015年12月,国家发展改革委、交通运输部联合发布《京津冀协同发展交通一体化规划》,提出京津冀地区将以现有通道格局为基础,着眼于打造区域城镇发展主轴,促进城市间互联互通,推进"单中心放射状"通道格局向"四纵四横一环"网络化格局转变。"四纵"即沿海通道、京沪通道、京九通道、京承—京广通道,"四横"即秦承张通道、京秦—京张通道、津保通道和石沧通道,"一环"即首都地区环线通道。在公路交通方面,重点是加快推进首都地区环线等区域内国家高速公路建设,打通国家高速公路"断头路";全面消除跨区域国省干线"瓶颈路段";以环京津贫困地区为重点,实施农村公路提级改造、安保和危桥改造工程。

2019年2月,中共中央、国务院印发《粤港澳大湾区发展规划纲要》,提出实施畅通对外综合运输通道。完善大湾区经粤东西北至周边省区的综合运输通道。有序推进沈海高速(G15)和京港澳高速(G4)等国家高速公路交通繁忙路段扩容改造。加快构建以广州、深圳为枢纽,高速公路、高速铁路和快速铁路等广东出省通道为骨干,连接泛珠三角区域和东盟国家的陆路国际大通道。

三、典型省份高速公路发展规划

根据各省(区、市)"十四五"交通发展规划(或有关新闻报道材料)发布的"十四五"期间高速公路建设目标来看,"十四五"期规划通车里程超过(含)1万公里的有山东、广东、广西、四川、贵州、云南6省(区),规划通车里程为0.5(含)~1万公里的有内蒙古、江苏、浙江、安徽、福建、湖北、湖南、陕西、甘肃、青海、新疆11省(区)。各省(区、市)高速公路"十三五"末发展情况及"十四五"规划情况详见表5-3、图5-3。

典型省(区、市)高速公路"十三五"末发展情况及"十四五"规划情况　　表5-3

省(区、市)	"十三五"末实际通车里程(公里)	"十四五"末规划通车里程(公里)	"十四五"新增高速公路里程(公里)
天津	1325	1360	35
河北	7809	9000	1191

续上表

省(区、市)	"十二五"末实际通车里程(公里)	"十四五"末规划通车里程(公里)	"十四五"新增高速公路里程(公里)
山西	5745	6500	755
内蒙古	6985	8500	1515
辽宁	4331	4805	474
吉林	4000	4306	306
黑龙江	4512	6000	1488
上海	900	1100	200
江苏	4925	5500	575
浙江	5096	6000	904
安徽	5200	6800	1600
福建	6003	6500	497
江西	6234	7500	1266
山东	7473	10000	2527
河南	7100	10000	2900
湖北	7230	8000	770
湖南	6951	9000	2049
广东	10488	12500	2012
广西	6803	12000	5197
海南	1254	1500	246
重庆	3402	4600	1198
四川	8140	11000	2860
贵州	7005	10000	2995
云南	9000	15000	6000
陕西	6171	7000	829
甘肃	6000	8000	2000
青海	4069	5000	931
宁夏	1946	2400	454
新疆	5500	7500	2000

注：2020年各省(区、市)高速公路通车里程数和"十四五"末规划通车里程数根据各省相关规划或新闻报道材料整理，其中甘肃省"十四五"末规划通车里程为高速公路与一级公路合计数。

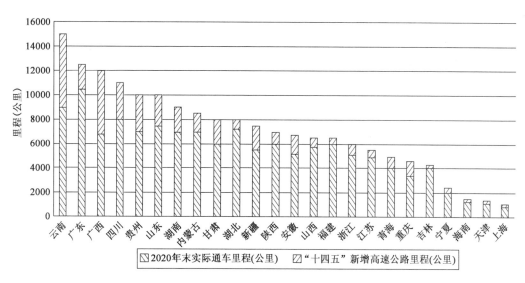

图 5-3 "十四五"高速公路规划建设里程

典型省(区、市)"十四五"高速公路规划的主要任务如表 5-4 所示。

典型省(区、市)"十四五"高速公路规划主要任务　　表 5-4

省(区、市)	"十四五"高速公路规划主要任务
天津	(一)提高京津快速通达能力。推进京津塘高速公路扩容改造,开展密涿京沪联络线、唐廊高速二期前期研究,强化与北京城区、通州副中心、大兴国际机场快速联系。提升改造京津、京岚公路,建设马营公路,实现各区便捷通达北京。 (二)增强双城辐射带动能力。推进津雄高速公路改扩建前期工作,建设津港、津宝公路等,提升"津城"对外辐射能力;实现津石高速公路、塘承高速公路全线贯通,形成滨海新区通往西部、北部腹地通道;建设津北、津汉公路等,加密双城间路网。到 2025 年,实现双城与各区至少有 1 条一级公路和 1 条高速公路连通
内蒙古	推动高速公路完善成网。推进国家高速公路网主线内蒙古境内待贯通路段建设,加快自治区东中西高速公路主通道建设,加快满洲里、二连浩特、甘其毛都重点口岸高速公路建设,推进省际出区高速公路建设,加强呼包鄂乌城市群内部高速公路网络建设,进一步提升自治区高速公路网覆盖广度、通达深度
上海	进一步完善高(快)速路网。完善高速公路网络,建成 S3 公路一期、S4 公路奉浦东桥及接线工程、沿江通道(浦西段和浦东段)、S7 公路二期,推进 S4 公路入城段等瓶颈路段扩容工程。完善快速路和主干路骨干体系,建成北横通道、东西通道及漕宝路、武宁路、军工路快速路等骨干道路;建设两港大道、沪嘉—嘉闵联络线、长江西路快速路东段、外环西段交通功能提升等项目,加强沿线道路网衔接;加快规划建设南北通道、漕宝路快速路东延伸等骨干道路。优化提升高(快)速路立交节点功能

续上表

省(区、市)	"十四五"高速公路规划主要任务
江苏	优化完善高速公路网络。推进高速公路瓶颈路段扩容,建设宁合、宁马、沪武太仓至常州段等高速公路扩建项目。提升省际高速公路互联互通水平,建设溧阳至宁德、台儿庄至睢宁、苏州至台州高速七都至桃源段等高速公路。强化高速公路与重要枢纽的衔接,建设洋口港至南通高速公路洋口港至如东城区段等疏港高速公路。强化五峰山、常泰、江阴第三等过江通道接线建设。构建都市圈中心城市高速公路环线,建设禄口至全椒、徐州至明光高速公路贾汪至睢宁段等高速公路。提升苏中、苏北地区县级节点连通水平,建设连宿术阳至宿豫段、盐蚌宝应至金湖段等高速公路。推广沪宁高速公路智慧化改造和五峰山未来智慧高速公路经验,以"信息化+科学管控"等综合措施推进高速公路智慧化扩容。到2025年,新增高速公路里程600公里左右,完成扩建里程450公里以上,高速公路总里程达到5500公里,高速公路省际接口达到31个
浙江	服务国家战略重点项目:高速公路项目。建成宁波舟山港主通道、申嘉湖高速公路安吉孝源至唐舍段、临金高速公路临安至建德段、苏台高速公路南浔至桐乡段及桐乡至德清联络线等,开工乍嘉苏高速公路改扩建工程南湖互通至浙苏界、申苏浙皖高速公路改扩建工程长兴西互通至浙皖界、合肥至温州高速公路、甬舟高速公路复线金塘至大沙段等。 "四大建设"重点项目:(1)大湾区建设项目。宁波舟山港主通道、杭绍甬高速公路杭绍段、杭绍甬高速公路宁波段、慈溪至宁海高速公路奉化至宁海段及朝阳至西坞联络线(象山港二通道)、杭浦高速公路海盐联络线(一期)等。(2)大花园建设项目。龙丽温高速公路景宁至文成段、义乌至龙泉高速公路等。(3)大通道建设项目。甬金衢上高速公路、杭金衢高速公路金华至衢州段拓宽、温州瓯江北口大桥、合肥至温州高速公路、甬台温高速公路姜山北至万全枢纽段扩容等。(4)大都市建设项目。柯诸高速公路、慈溪至宁海高速公路奉化至宁海段及朝阳至西坞联络线(象山港二通道)、瑞安至苍南高速公路、义东高速公路东阳段等。 高速公路建设重点:"十四五"期,按照"扩容通道、畅通省际、强化都市、加大覆盖、优化衔接"的方针,续建和开工建设约2600公里,建成约1100公里,增设和改造高速公路互通31个,完成投资约4800亿元。建成国家高速公路网,提升主要通道能力,建成杭绍甬高速公路,推进甬台温高速公路拓宽、甬金高速公路扩容、沪杭甬高速公路改建等项目;强化长三角省际通道衔接,建成苏台高速公路南浔至桐乡段及桐乡至德清联络线、申嘉湖高速公路安吉孝源至唐舍段、临金高速公路临安至建德段等项目,推进合肥至温州高速公路、杭淳开高速公路等项目建设,加快沪甬通道前期工作,积极谋划沪甬通道;完善四大都市区高速公路网布局,建设柯桥至诸暨高速公路、瑞安至苍南高速公路、建德至武义高速公路婺城段等项目;加强重要城镇连通,建成诸暨至义乌高速公路、甬台温高速公路至沿海高速公路温岭联络线等项目;优化区域路网衔接,建设甬台温高速公路瑞安联络线、甬金高速公路奉化大堰联络线等项目;完善疏港公路体系,推进宁波舟山港六横公路大桥梅山互通至柴桥枢纽段、宁波舟山港石浦港区沈海高速公路连接线新桥至石浦段等疏港路建设。到2025年,高速公路总里程超6000公里,高速公路六车道以上比例达到42%,高速公路密度达到5.7公里/百平方公里。省际接口达到24个,10万人口城镇通达率达到90%,实现海岛"县县通高速"

续上表

省(区、市)	"十四五"高速公路规划主要任务
福建	推进高速公路网提质增效。实施"三扩二提一融"工程(沿海扩容、山区扩面、路网扩能、提升道路服务水平、提升科技创新能力、新基建融合发展),畅通高速公路主通道,优化高速公路出入口布局,力争全省国家高速公路全面贯通。全面实施国家高速公路沈海线扩容工程,开工建设宁德段扩容、福厦段扩容二期、漳州龙海至诏安段扩容、泉厦段扩容(轻型智慧高速公路)项目;加快补齐内陆山区发展短板,有序实施山区高速公路互联互通工程,推进尤溪至建宁、永定至南靖等在建项目建设,开工建设上饶至浦城、大田至安溪、永泰至德化等项目;积极推进翔安机场高速公路、福州机场第二高速公路、古雷疏港高速公路、莆炎高速公路埭头至湄洲港等衔接空港、海港高速公路建设;加快推进厦门第二东通道、福州滨海新城高速公路、晋江至同安等一批人口密集地区高速公路加密、优化项目,打通瓶颈路段,提升高速公路网整体效能。推动高速公路沿线乡镇开设互通口或出入口,实施乡镇便捷通高速公路工程,推进重要景区便捷通高速公路,持续扩大高速公路服务覆盖面,助力城乡经济融合发展。力争"十四五"期建设高速公路1600公里。持续深化高速公路养护体制改革,进一步提升养护决策科学化、规范化水平,推动高速公路高质量发展
山东	以实施"加密、扩容、提速、增智"四大工程为抓手,新建、改扩建高速公路近4000公里,进一步提升高速公路网连接效能和通达水平。到2025年,高速公路通车及在建里程达到10000公里,省际出口超过30个,双向六车道及以上占比达到36%,基本实现县(区、市)有两条以上高速公路通达。 加快完成日兰高速公路巨野西至菏泽段,京台高速公路德州至齐河段、泰安至枣庄(鲁苏界)段等改扩建项目,提升国高网主通道拥堵路段通行能力和服务水平。加快建成济南至潍坊、潍坊至青岛及连接线、济南绕城二环线西环段、临淄至临沂、滨台高速公路台儿庄至鲁苏界段、濮新高速公路菏泽段、济微高速公路济宁新机场至枣菏高速公路段、济南至高青、董梁高速公路董家口至沈海高速公路段、沾化至临淄等新建高速公路项目。 开工建设日照港岚山港区疏港高速公路、明村至董家口、济南绕城二环线北环段、泰安至东平、济微高速公路济南至济宁新机场段、临沂至滕州、单县至曹县、郓城至鄄城、邹城至济宁、德州至高唐、商河至平原、高青至商河、荣乌高速公路文登至双島段、济商高速公路济宁段、济商高速公路菏泽段、东阿至阳谷、梁山至郓城、潍坊港疏港高速、台儿庄连接线、庆云至章丘、潍坊至邹城、齐河至临清、德上高速公路临清连接线、济南至宁津、临沂至东海、齐河至东阿、兖州至郓城、桓台联络线等项目。力争规划建设董梁高速公路沈海至新泰段、济南绕城高速公路二环线南环段、莱州至青岛、济广高速公路济南连接线党家至崮山段、日照至临沂、栖霞至莱州、牟平至栖霞、蒙阴至邳州、临沂至徐州等高速公路项目。 实施东营至青州高速公路,京台高速公路齐河至济南段、济南至泰安段,济南绕城高速公路小许家枢纽至遥墙机场段、小许家至港沟段、港沟立交至殷家林枢纽段、济广高速公路济南至菏泽段,荣乌高速公路威海至烟海高速公路段,沈海高速公路南村至青岛日照界段、两城至汾水段,青兰高速公路双埠至河套段、河套至黄岛段,荣乌高速公路烟台枢纽至蓬莱枢纽段等改扩建项目。力争规划建设长深高速公路大高至彭家枢纽段、青银高速公路齐河至夏津段、济聊高速公路晏城枢纽至聊城西枢纽段、济南绕城高速公路表白寺枢纽至晏城枢纽段、滨台高速公路彭家枢纽至淄博西枢纽段等改扩建项目。推进既有高速公路出入口布局优化和升级改造,力争实施荣乌高速公路无棣和水湾、青兰高速公路顾官屯、东吕高速公路回河、济聊高速公路堂邑、岚菏高速公路新兴等互通立交新建和改扩建项目

续上表

省(区、市)	"十四五"高速公路规划主要任务
湖北	按照"优化扩容、内外互通"的总体思路,加快完善"九纵五横四环"高速公路网。扩容主通道,重点推进京港澳、沪渝、福银等国家高速公路繁忙拥挤路段的提质扩容,提升主通道的运行效率和服务水平。打通骨架路,加快通道待贯通路段建设,完善中心城市对外放射线和都市区环线布局,促进城市群、城市间的快速连通。优化高速公路网,强化省际通道衔接,推进区域路网互联互通。完善过江通道布局,密切长江两岸交通联系。积极优化既有高速公路互通布局,推进常态性拥堵收费站扩容,提升路网服务功能
湖南	推动高速公路扩容成网。加快建设24条续建高速公路,全面建成"七纵七横"高速公路骨架网,现行高速公路网规划项目及31个省际通道全部建成。大力推进高速公路拥堵路段扩容,推进零陵至道县等高速公路展望线建设,适时启动新增国家高速公路网及路网优化项目前期工作,推动全省高速公路扩容、成网、加密、畅联,全面形成全省4小时高速公路交通圈,发挥高速公路在构建综合交通运输体系中的关键作用。启动新一轮高速公路网规划修编,科学谋划我省高速公路中长期发展
广东	畅通高速公路网络。加快南雄至信丰、梅州至武平等出省通道建设,到2025年高速公路出省通道达36条(通福建6条,通江西7条,通湖南6条,通广西11条,通海南1条,通香港3条,通澳门2条),高速公路对外连通能力进一步增强。加快推进阳春至信宜、大埔经丰顺至五华等路网加密线和联络线建设,实施京港澳高速公路、沈海高速公路等繁忙路段改扩建,改善省内高速公路干线通行条件,提高路网运行可靠性。科学增加高速公路出入口设置,合理优化和拓展高速公路服务区功能,提升高速公路服务品质
广西	完善高速公路网络,实现县县通高速公路。以出省出海出边高速公路大通道建设为重点,通过构建高速公路大通道,促进区内高速公路加速成网,布局趋于完善,重点推进上思至防城港、隆安至硕龙等出边高速公路通道建设。实施高速公路拥堵路段扩容改造,提高高速公路容量和通行服务能力,推进G75兰州至海口高速公路广西钦州至北海段改扩建工程、G72泉州至南宁高速公路广西桂林至全州黄沙河段等项目改扩建,实现国家高速公路桂林至北海段全线为双向8车道。提高高速公路网的区域密度,在全面实现县县通高速公路基础上,实现市与市、市与所辖县间有高速公路连通,高速公路在全区各市之间连通成网。构建高速公路环线系统,注重高速公路和城市交通的衔接及疏导,加快推进贵港市西外环、百色市南北过境线公路(百色市北环线)、百色市南北过境线公路(百色市南环线)、河池(宜州)西过境线等城市高速环线,降低过境交通影响。"十四五"期末,新建成高速公路超过5000公里,高速公路总里程1.2万公里以上,高速公路规模位于国内前列
海南	建设完善高速公路网。建成G15/G75海口段工程、国道G360文昌至临高公路,新开工建设G9812高速公路延长线工程。推进高速公路瓶颈路段扩容,实施G98重点路段扩容工程。加强高速公路与空港、海港等综合交通枢纽的衔接,续建并建成海口绕城公路美兰机场至演丰段公路,开工建设洋浦疏港高速公路,推进洋浦疏港高速公路二期、三亚新机场高速连接线工程前期工作。优化提升高速公路出入口能力和服务区综合性服务功能,推进高速公路互通及服务区新改建工程建设

续上表

省(区、市)	"十四五"高速公路规划主要任务
四川	加快完善以进出川大通道为核心、城际互联为重点、县域覆盖为目标的高速公路网络。加密川黔、川滇、川陕、川渝省际通道,力争高速公路进出川大通道达到37条。推动高速公路向民族地区延伸,加快久马、九绵、沿江、西昭等国家高速公路待贯通路段建设。推进成渝、成绵广、成乐、成南、遂渝等交通繁忙路段扩能改造。推动城际高速公路建设,基本实现省内五大区域、区域内部城市之间直连直通。围绕成渝地区双城经济圈发展需求,规划研究一批高速公路项目,支持具备条件的项目适时启动建设
贵州	建成1万公里高速公路网。在国家高速公路境内路段全面开工的基础上,加快推进沪昆、兰海等国家高速公路主通道扩容改造,提升通行能力和服务水平;依托西部陆海新通道建设,完善综合运输大通道,强化与周边省(区、市)衔接,进一步加快省际通道建设,加快融入成渝双城经济圈,构建成渝黔金三角,实现与北部湾城市群等重要经济区的快速联系;围绕黔中城市群、贵阳都市圈等交通网络化,推进贵阳、遵义等中心城市和铜仁等地州首府城市的绕城高速公路建设;稳步推进城际高速公路通道建设,强化城际融通,做好项目储备,适时启动项目建设
陕西	提升高速公路服务品质。大力推进国家高速公路扩能改造工程,有效缓解早期律成的京昆线、西兴线、福银线等高速公路局部路段拥堵现象。全面建成省境内既有规划的国家高速公路,畅通与重庆、甘肃、河南等周边省市高速通道,进一步提升路网开放度。建设鄂邑经周至至眉县、西安外环高速公路东段等项目,加快构建西安都市圈高速公路环线体系,促进西咸一体化及关中平原城市群发展;持续推进延安东绕城等区域中心城市高速公路环线建设。提升路网衔接转换和迂回连接水平,提高路网可靠度和抗灾能力,建设韩城至黄龙、澄城至韦庄等一批高速公路加密线
甘肃	提高高速公路网络覆盖。全面建成G69银百高速公路甜水堡至永和段、G8513平绵高速公路平凉至天水段、S32临夏至大河家高速公路等"十三五"结转项目,开工建设G1816乌玛高速公路合作至赛尔龙段等国家高速公路待贯通路段,有序推进建设年限较早、交通繁忙的国家高速公路扩容改造,加快实施对省际、区域和城际联系具有重要意义的省级高速公路建设,通县高速公路项目全部开工建设。 推进国家高速公路甘肃境内待贯通路段建设,建成G30连霍高速公路清水驿至忠和(兰州北绕城东段)、G75兰海高速公路渭源至武都段、G85银昆高速公路彭阳至大桥村段、G1816乌玛高速公路中川机场至兰州南段、G8513平绵高速公路平凉至天水段等,推进G1816乌玛高速公路合作至赛尔龙段建设,研究推进G22青兰高速公路西峰至镇原至沿川子段、G30连霍高速公路景家口至清水驿段、G30连霍高速公路忠和至茅茨段、G6京藏高速公路尹家庄至河口段扩容改造。加强省级高速公路建设,建成S10凤合高速公路卓尼至合作段、S28灵华、S34双达、S38王夏、S44康略高速望关至白河沟段等高速公路,开工建设兰州南二环柳泉至河口段、S28灵华高速公路东延线长武至灵台段、兰州至永靖至临夏、永昌至民乐等高速公路,分段建设S35景礼高速公路,研究推进G1816乌玛高速公路兰州过境段、G0611张汶高速公路塞尔龙至郎木寺段、永靖至井坪、通渭至秦安、漳县至砖塔寨、鸳鸯至漳县、迭部至九寨沟、阿克塞至拉配泉、金昌至山丹等高速公路,远期研究推进河西走廊第二通道、玛曲至久治、陇县至陇西、天水至成县、永靖至民和、千阳至白水等高速公路

续上表

省(区、市)	"十四五"高速公路规划主要任务
宁夏	实施高速公路网络优化工程、普通干线公路改造提质工程、农村公路改善延伸工程,公路通车里程达到38500公里,其中,高速公路2400公里,国家高速公路宁夏段全部贯通,普通国道、省道二级及以上公路比重达到96%和50%,"四好农村路"全面推进,"农村公路+产业"融合发展有序推进。 建设发达的高速公路网。加快完善高速公路网络,续建、新建高速公路580公里,实现我区东西南北每个方向至少有3个以上高速公路出口。建成银昆高速公路太阳山开发区至彭阳段、乌玛高速公路青铜峡至中卫段等国家高速公路项目,开工建设乌玛高速公路石嘴山至惠农段,全面贯通国家高速公路宁夏段。建设海原至平川、吴灵青北环等高速公路项目,推动建设地方高速公路联络线。发挥高速公路联动效应,扩大中心城市辐射能力,促进产业集聚,带动新型城镇化发展

四、典型省份交通发展投融资政策

大多数省份在"十四五"交通发展规划中提出了拓展融资渠道、广泛吸引社会资本参与交通基础设施建设、鼓励开展政府和社会资本合作模式(PPP)等内容。典型省(区、市)"十四五"交通发展投融资政策如表5-5所示。

典型省(区、市)"十四五"交通发展投融资政策　　表5-5

省(区、市)	"十四五"交通发展投融资政策
天津	强化多元资金保障。完善政府引导、社会参与、多元融资、风险可控的资金保障和运行管理体制。落实交通运输领域市与区财政事权和支出责任划分改革方案,积极争取中央预算内资金、专项债券资金支持,加大市、区两级财政对交通强国试点、世界一流智慧绿色枢纽港口建设、国际航空物流中心建设、京津冀交通一体化、"四好农村路"建设等的精准支持,保障交通基础设施养护资金专款专用。积极引导社会资本参与高速公路、铁路、港口、机场等交通基础设施建设、运营,用好政府和社会资本合作(PPP)、基础设施领域不动产投资信托基金(REITs)等融资模式,支持轨道交通与沿线土地综合开发利用,研究对铁路等绿色集约运输方式的支持政策,增强可持续发展能力
内蒙古	加大资金保障力度。建立"政府主导、分级负责、多元筹资、规范高效"的交通投融资体制机制,创新推进综合交通运输体系发展的投融资模式,形成多主体、多层次、多元化投入格局,努力拓宽交通投融资渠道。按照国家和自治区关于财政事权和支出责任划分改革的有关要求,坚持尽力而为、量力而行的原则,积极发挥财政性资金的关键作用,引导和鼓励社会资本积极进入交通领域,强化债务风险防控。积极争取国家相关资金和政策支持,鼓励利用政府债券、企业债券、基础设施领域不动产投资信托基金(REITs)、政府和社会资本合作(PPP)等方式,拓宽重点交通项目建设资金来源。进一步发挥国有企业在综合交通投资、建设、运营领域的主力军作用,深化交通运输市场合资合作

续上表

省(区、市)	"十四五"交通发展投融资政策
江苏	深化交通运输投融资体制改革。推动建立和完善"政府主导、分级负责、多元筹资、规范高效"的交通投融资体制机制，拓宽交通投融资渠道，形成多主体、多层次、多元化投入格局。强化各级财政资金保障，深化省与市县财政事权和支出责任划分改革，规范政府融资，切实做好债务风险防控。发挥国有投资主体在交通运输投资、建设、运营领域主力军作用。研究城际铁路建设和发展的长效机制，推动站城融合发展。进一步完善预算管理体系，全面实施预算绩效管理。 强化资金保障。积极发挥财政资金的关键作用，加大各级财政对国省干线公路、干线航道、邮政、客货运枢纽等公益性基础设施和服务的投入，推动完善和落实以县级公共财政投入为主、多渠道筹措为辅的农村交通发展资金筹措机制。加大对运输服务管理、智慧绿色平安交通、行业治理等方面的资金政策保障。鼓励和引导社会资本积极投资交通基础设施建设，鼓励社会资本设立多式联运等产业投资基金。鼓励规范利用政府债券、企业债券、不动产投资信托基金(REITs)、政府和社会资本合作(PPP)等方式，拓宽重点交通项目建设资金来源
浙江	落实财税体制改革和财政事权划分要求，继续深化行业体制改革，制定落实权责清单，落实公路事权主体责任，建立权责分明的公路行业管理机制。深化公路投融资改革，完善政府主导、分级负责、多元筹资、风险可控的资金保障和运行管理体制。 强化资金保障，明确各级政府的财政事权和支出责任划分。建立多元化投融资体制，鼓励申请发行地方政府债券、与社会资本合作、高速公路资产证券化、"交通+"联合开发等融资模式，进一步加大地方财政资金等对交通建设发展的支持力度，稳定现有资金渠道，切实保障地方资金及时足额落实到位
福建	强化资金保障。 夯实公共财政保障。积极争取国家关于铁路、综合交通枢纽、多式联运、公交都市、绿色交通和交通扶贫等方面的资金支持政策，积极发挥财政性资金的关键作用。研究重点领域资金补助、财政贴息等政策。 创新融资模式。鼓励利用专项债券、企业债券、REITs等方式，拓宽交通项目建设资金来源，引导和鼓励社会资本积极进入交通领域，强化债务风险防控。灵活运用信托基金等金融工具盘活存量优质资产。探索建立交通基础设施高质量发展基金，探索公益性项目与经营性项目相结合的投融资模式。 鼓励民营企业投资。落实国家发展改革委等十二部委《关于支持民营企业参与交通基础设施建设发展的实施意见》，建立民营企业参与交通基础设施建设发展沟通协商机制，破除市场准入壁垒，保证各类主体平等准入、公平竞争，调动民营企业参与建设投资积极性，激发民间投资潜力和创新
山东	加强资金保障，拓宽资金筹措渠道，研究财政支持政策，建立多元化投融资机制。推动发行基础设施建设长期债券，研究统筹交通专项资金和长期债券使用政策。积极拓展融资渠道，用好各类新型融资工具。加强与金融机构战略合作，研究开发政策性金融工具。支持市县发挥各级交通投融资公司作用，探索交通基础设施与沿线土地、资源、产业等一体化开发。鼓励采用建设养护总承包、政府和社会资本合作(PPP)、设计施工总承包等模式，吸引社会资本投入

续上表

省(区、市)	"十四五"交通发展投融资政策
湖北	强化资金保障。积极争取国家资金支持,加大各级财政性资金、地方债券对交通建设、设施养护的支持力度。建立与全省交通运输发展相适应的资金保障机制,落实交通运输领域财政事权和支出责任划分改革方案,压实各级政府的支出责任,形成建养并重、可持续的资金投入机制。积极引导多元投资,强化市场运作,探索创新投融资机制,吸引社会资本参与交通投资建设,灵活运用金融工具盘活存量优质资产,鼓励利用地方政府债券、不动产投资信托基金(REITs)、政府和社会资本合作(PPP)等方式拓宽项目建设资金来源。强化交通运输行业债务风险防控
湖南	在合理划分事权和支出责任的基础上,按照政府与市场的关系,区分项目属性,不断提高资金使用效率,拓宽融资思路和渠道。落实预算绩效管理,优化债务结构、加强防范和化解债务风险。鼓励设立多式联运等产业投资基金,完善公益性服务补偿机制,进一步调整完善支持邮政、水运等发展的资金政策。加快推动经营性交通资产资源整合重组,做大做强做优省属交通国有企业,实现集中化、规模化、集团化经营,发挥好交通基础设施投资建设主力军作用。开辟交通运输领域多元化投融资渠道,支持具备条件的企业和项目稳妥开展基础设施领域不动产投资信托基金试点(REITs),有序盘活存量资产。鼓励和支持采用股权合作、政府和社会资本合作(PPP)等新型投融资建设模式,并充分发挥财政资金使用效益,加快建立"投融建管养"一体化交通投资建设管理体制
广东	运用好政府和社会资本合作(PPP)、基础设施领域不动产投资信托基金(REITs)、土地综合开发等政策工具,积极吸引社会资本参与交通基础设施投资建设,支持保险资金、金融机构资管产品等在依法依规、风险可控的前提下参与交通基础设施建设,完善交通基础设施多元化投融资机制。健全政府投资项目资金投入机制,理顺干线铁路、内河航道省市出资模式,支持广州、深圳牵头开展所在都市圈城际铁路投资建设。研究政府还贷高速公路实施"统贷统还",积极采取经营性模式,推动高速公路可持续发展。研究完善承担重大交通项目投资建设的省属国有企业考核评价体系,充分调动企业积极性
广西	加强资金保障。建立健全"政府主导、分级负责、多元筹资、规范高效"的交通投融资体制机制。积极争取中央补助资金倾斜支持,加大自治区本级和市县财政资金、政府债券资金投入,落实各级财政事权和支出责任。规范完善政府和社会资本合作(PPP)模式,建立健全财政补贴政策,创新运转模式,挖掘项目商业价值,推动交通基础设施沿线及周边资源、产业、园区等综合开发。将耕地开垦费、补充耕地指标交易费用等耕地占补平衡费用足额纳入各类建设项目概算。积极利用政策性、开发性金融,撬动商业银行、保险公司为重点项目提供投资、贷款、债券、租赁、证券等金融服务,努力打造多元开放交通投融资体系。严禁通过各种方式变相违规举债融资,坚决遏制隐性债务增量
海南	深化项目投融资体制改革。加快推动交通运输领域投融资体制改革。加快推动经营性交通资产资源整合重组,做强做大做优省属交通国有企业,实现集中化、规模化、集团化经营,充分发挥交通基础设施投资建设主力军作用。加快推动公路里程费改革,构建市场化投融资基础条件,撬动更多社会资本参与交通基础设施投资建设。开辟交通运输领域多元化投融资渠道,打破单一由政府直接投入的财政性资金投资建设方式,鼓励和支持采用股权合作、政府和社会资本合作(PPP)等新型投融资建设模式,并充分发挥财政资金作为项目资本金的杠杆作用,加快建立"投融建管养"一体化交通投资建设管理体制

续上表

省(区、市)	"十四五"交通发展投融资政策
四川	强化资金保障。推动《四川省交通运输领域省与市县财政事权和支出责任划分改革方案》落实落地。健全政府引导、分级负责、多元筹资、风险可控的资金筹措机制,健全与项目资金需求和期限相匹配的长期资金筹措渠道。发挥政府投资撬动作用,积极争取中央预算内基本建设资金、车购税资金等专项资金和新增政府债券额度;统筹安排省级预算内基本建设资金、省级交通专项资金、省级铁路建设专项资金等,发挥好交通投资基金作用;鼓励市县统筹安排地方政府债券资金,支持符合条件的交通基础设施项目建设,用好"专项债券用作重大项目资本金"政策;积极拓宽投融资渠道,规范有序推进政府和社会资本合作。支持金融机构为市场化运作的交通项目提供融资,推动基础设施领域不动产投资信托基金;支持企业按市场化方式设立铁路发展基金,提升资金筹措能力。研究完善跨区域交通项目财政协同投入机制,探索统筹交通沿线用地综合开发增值收益支持交通发展
贵州	高速公路资金筹措方案:继续争取中央车购税等补助资金支持;争取省级财政延续对高速公路的有关支持政策,保障高速公路省级资本金需求;明确省地支出责任,各市州、县政府建立财政资金保障机制,落实市州、县资金保障;积极协调争取银行贷款,创新投融资模式,积极引入社会资本。 强化资金保障:充分利用好"一带一路"建设以及长江经济带、新一轮西部大开发、西部陆海新通道等国家重大战略带来的发展机遇,积极争取国家加大中央资金支持力度。积极争取国家专项债券,以及一般债用于交通的份额,保障政府稳定的财政资金投入,充分发挥财政资金的引导和杠杆作用。严格防范政府债务风险,规范各级地方政府举债融资行为,稳妥化解存量债务。结合推进交通强国建设试点,深化政府和社会资本合作(PPP)模式研究,积极引导社会资本参与交通建设,探索研究经营性公路资产证券化、移交—经营—移交(TOT)等方式盘活存量资产,提高交通基础设施管养效率
陕西	加强资金政策保障,加大政府投资对交通建设、设施养护的支持力度,充分引导多元化资本参与交通运输发展,形成建养并重、可持续的资金投入机制。强化政策创新,探索土地收益补偿等多样化支持政策。完善跨部门、跨市(区)重大项目协同推进机制,用好跨区域补充耕地统筹机制,强化重点项目用地、用能等资源要素保障,做好资源要素预留和及时供给。主动加强与国家发展改革委、财政部、交通运输部、国铁集团等国家有关部门和单位的沟通对接,积极推进重大项目审批,争取资金和政策支持
甘肃	扩宽融资渠道。加大对上争取力度,积极争取中央在地方政府资本金占比、政府债券规模、中央预算内资金安排等方面给予我省倾斜支持。健全与项目资金需求和期限相匹配的长期资金筹措机制。在依法依规加强政府债务和系统性金融风险防控的同时,积极利用产业投资基金、保险资金和政府、企业长期债券,争取政策性银行等金融机构加大支持力度,推进专项债券作为资本金"债贷组合"的融资政策,积极发行权益型金融工具,多点发力拓宽融资渠道。鼓励金融机构开展交通领域金融产品和融资模式创新,加强与金融机构的合作协作,探索、用好经营性租赁、融资租赁、资产证券化、基础设施领域不动产投资信托基金(REITs)等投融资模式,有效盘活存量资产资源,促进增量有序发展。健全交通基础设施分级分类投入机制,落实省与市县财政事权和支出责任,在经营性和准公益性项目融资过程中规范推进政府和社会资本合作(PPP)模式。统筹考虑建设、管养资金需求,构建覆盖全生命周期的资金保障制度
宁夏	加强资金政策保障,加大政府投资对交通建设、设施养护的支持力度,引导社会资本积极参与交通基础设施建设,推动枢纽场站及其周边用地综合开发,建立收益反哺机制,探索开展交通基础设施不动产投资信托资金(REITS)试点

第四节 投资重点分析

结合《公路"十四五"发展规划》内容,可以预判未来高速公路建设具有以下特征:

国家重大战略覆盖区是重点。"十四五"期间,全国高速公路新增通车里程接近或超过2000公里的省份共有9个,按排名依次为云南、广西、贵州、四川、山东、湖南、广东、甘肃、新疆。其中贵州、四川、湖南属于长江经济带覆盖省份,云南、广西、广东、甘肃属于"一带一路"沿线省份,充分显示这些省份借助国家战略机遇,大力加快高速公路发展。

中西部地区增长态势迅猛。从建设里程区域分布看:全国高速公路新增通车里程前10名中6个为西部省份,这6个省份依次为云南、广西、贵州、四川、甘肃、新疆,新增里程均在2000公里以上;有2个省份为中部地区省份,为湖南、安徽。这充分显示中西部省份高速公路建设后发追赶,呈迅猛增长态势。从建设热点省份看,云南、广西、贵州、四川、甘肃、新疆6个西部省份新增高速公路通车里程均超过2000公里,成为全国高速公路投资热点省份,其中云南省、广西壮族自治区等新增高速公路通车里程甚至超过5000公里。

具体分区域看投资项目重点。一方面,东部地区经济发展水平较高,特别是珠三角、长三角发展实力雄厚,如广东、江苏、浙江等持续发展的动力相对充足。这些地区国家高速公路建设起步早、速度快,国家高速公路建设处于收官完成、繁忙路段扩建与增建复线甚至三线阶段,其规划建设主要是分流、疏堵,因此交通需求旺盛,交通量增速快,交通量比较大,投资收益有保证。这些省份的地方高速公路则集中在两方面:山区、经济发展"洼地"地区的高速公路通达攻坚,全面完成小康目标下"市县通高速"任务;城际繁忙拥堵路段扩容,大通道间互联互通与提高网络化、便捷化程度方面。另一方面,中西部地区经济水平发展水平相对滞后,在特定经济发展阶段水平下,区域人口资源密集程度和城镇化速度、水平、潜力等可作为重要的衡量因素,应优先选取程度相对高的地区,如河南、四川、湖北、湖南、陕西等,重点选取城际间人口密度大、城镇分布密集的通道。当前,中西部地区大部分地区省份国家高速公路建设断头路还比较多,国家高速公路建设处于贯通、成网阶段,尤其是西部地区完成国家高速路规划目标的建设任务依然重,中部地区部分经济大省和高速公路大省建设分两种情况:完成新增国家高速路过境路段或个别繁忙路段扩容,山区、贫困地区高速公路通达攻坚。

CHAPTER SIX 第六章

高速公路投资模式与策略分析

第一节　高速公路投资模式分析

一、政府与社会资本合作（PPP）模式

1. 国家层面 PPP 政策及开展情况

2013年11月，《中共中央关于全面深化改革若干重大问题的决定》提出，紧紧围绕使市场在资源配置中起决定性作用深化经济体制改革。2014年，《关于加强地方政府性债务管理的意见》（国发〔2014〕43号文）提出，推广使用政府与社会资本合作模式。2016年，《中共中央 国务院关于深化投融资体制改革的意见》（2016年7月5日）提出，鼓励政府和社会资本合作。总体来说，2013年以来我国推广 PPP 模式进入快速发展阶段，党中央、国务院及各部委共下发了几十份政策文件，充分展示了国家推动 PPP 模式落实的决心。其中，部分主要政策文件见表6-1。

近年来国家出台的有关 PPP 政策文件　　　　　　　表6-1

序号	文 件 名 称
1	《关于加强地方政府性债务管理的意见》（国发〔2014〕43号）
2	《关于创新重点领域投融资机制鼓励社会投资的指导意见》（国发〔2014〕60号）
3	《国家发展改革委关于开展政府和社会资本合作的指导意见》（发改投资〔2014〕2724号）
4	《关于推广运用政府和社会资本合作模式有关问题的通知》（财金〔2014〕76号）
5	《关于印发政府和社会资本合作模式操作指南（试行）的通知》（财金〔2014〕113号）（已于2020年废止）
6	《关于在公共服务领域推广政府和社会资本合作模式的意见》（国办发〔2015〕42号）
7	《基础设施和公用事业特许经营管理办法》（国家发展改革委等部门令2015年第25号）
8	《中共中央 国务院关于深化投融资体制改革的意见》（2016年7月5日）
9	《关于切实做好传统基础设施领域政府和社会资本合作有关工作的通知》（发改投资〔2016〕1744号）
10	《国家发展改革委关于印发〈传统基础设施领域实施政府和社会资本合作项目工作导则〉的通知》（发改投资〔2016〕2231号）
11	《国家发展改革委办公厅印发〈传统基础设施领域政府和社会资本合作（PPP）项目库管理办法（试行）〉》
12	《关于进一步共同做好政府和社会资本合作（PPP）有关工作的通知》（财金〔2016〕32号）
13	《关于印发〈政府和社会资本合作项目财政管理暂行办法〉的通知》（财金〔2016〕92号）

续上表

序号	文 件 名 称
14	《关于进一步激发社会领域投资活力的意见》(国办发〔2017〕21号)
15	《关于进一步激发民间有效投资活力促进经济持续健康发展的指导意见》(国办发〔2017〕79号)
16	《关于加快运用PPP模式盘活基础设施存量资产有关工作的通知》(发改投资〔2017〕1266号)
17	《关于鼓励民间资本参与政府和社会资本合作(PPP)项目的指导意见》(2017年)
18	《关于印发〈政府和社会资本合作(PPP)综合信息平台信息公开管理暂行办法〉的通知》(财金〔2017〕1号)
19	《关于进一步规范地方政府举债融资行为的通知》(财预〔2017〕50号)
20	《关于坚决制止地方以政府购买服务名义违法违规融资的通知》(财预〔2017〕87号)
21	《关于规范政府和社会资本合作(PPP)综合信息平台项目库管理的通知》(财办金〔2017〕92号)
22	《关于保持基础设施领域补短板力度的指导意见》(国办发〔2018〕101号)
23	《关于进一步加强政府和社会资本合作(PPP)示范项目规范管理的通知》(财金〔2018〕54号)
24	《政府投资条例》(中华人民共和国国务院令2019第712号)
25	《关于推进政府和社会资本合作规范发展的实施意见》(财金〔2019〕10号)
26	《国家发展改革委关于依法依规加强PPP项目投资和建设管理的通知》(发改投资规〔2019〕1098号)
27	《政府和社会资本合作(PPP)项目绩效管理操作指引》(财金〔2020〕13号)

根据全国PPP综合信息平台数据,截至2021年末,全国累计入库项目10243个、投资额16.2万亿元,同比增加8198亿元,增长5.3%,连续第三年增长5%以上,总体稳中有进。管理库10243个项目覆盖31个省(自治区、直辖市)及新疆兵团和19个行业领域。具体见图6-1、图6-2。

2. 交通运输领域PPP模式应用情况

据统计,截至2022年3月,全国共有纳入财政部PPP管理库的已落地签约交通运输PPP项目数量1300个、涉及投资额5.49万亿元,涉及公路、铁路、场站枢纽、公交、航道、机场、港口等多个领域,分别占全国纳入财政部PPP管理库已落地签约PPP项目数量的16.8%和总投资额的42.9%。

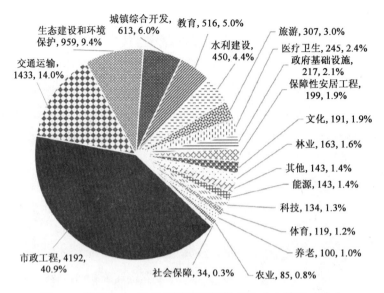

图 6-1 截至 2021 年底管理库项目数行业分布情况（个）

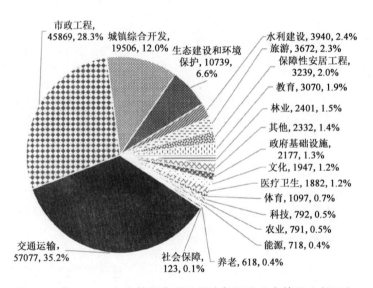

图 6-2 截至 2021 年底管理库项目投资额行业分布情况（亿元）

从运用领域看，高速公路在交通运输 PPP 市场占据主导地位，项目数量和投资规模分别占 30% 和 68%；普通国省干线次之，项目数量和投资规模分别占 46.7% 和 23%，农村公路、枢纽站场、港口和内河航道也有实践，但所占规模较小，项目数量和投资规模分别占 23.3% 和 9%。

从项目分布层级看，地市级政府实施 PPP 项目投资规模最大，项目数量和投资规模分别占 36.6% 和 49.4%；省级项目数量和投资规模分别占 11.7% 和 31.9%；区县级项目数量最多(占 51.7%)、投资规模占 18.7%。

从项目回报机制看,可行性缺口补助类项目投资额最多,项目数量和投资规模分别占44.3%和60.3%;使用者付费类项目数量和投资规模分别占12.2%和22.5%;政府付费类项目数量多,但投资规模最少,项目数量和投资规模分别占43.5%和17.2%。目前使用者付费和可行性缺口补助项目主要是收费公路,约占总投资规模的80%。

从中标社会资本类型看,地方国有企业参与程度最高,地方国企牵头项目947个、涉及投资额4.55万亿元,市场占有率50.2%;中央企业次之,牵头项目617个,涉及投资额4.02万亿元,市场占有率44.3%;民营企业最低,牵头项目316个、涉及投资额0.5万亿元,市场占有率5.5%,但除了牵头项目外,民营企业还作为小股东与国企、央企组成联合体参与PPP项目。从整体参与情况看,民营企业牵头或参与项目共计508个、涉及投资额1.73万亿元,市场占有率19.1%,参与领域主要集中在普通国省干线和农村公路,还包括少量港口码头、枢纽。

3. 收费公路领域PPP模式实施特点

公路交通建设项目属于重投资项目,新建项目投资成本高、投资规模大,项目经济效益不如过去早期项目那么乐观。目前,收费公路领域的PPP模式,各地普遍采用"BOT+EPC""BOT+EPC+政府补助"的形式,并在通用模式基础上又进一步探索提出"BOT+EPC+股权合作""BOT+EPC+政府补助+运营期补贴""BOT+EPC+股权合作+运营期补贴"等模式,在具体运作上不断探索创新,包括收益分配、风险分配、绩效评价、合同解除、社会资本退出等机制,取得了较为显著的成绩。

1)运作机制

根据《财政部关于印发政府和社会资本合作模式操作指南(试行)的通知(财金〔2014〕113号)》《国家发展改革委关于开展政府和社会资本合作的指导意见》(发改投资〔2014〕2724号)、《基础设施和公用事业特许经营管理办法》(六部委令〔2015〕25号)等有关文件规定,根据经营性公路项目其特许经营收入情况,经营收入能够完全覆盖投资成本,则政府通过授予特许经营权的方式,项目公司具体负责推进项目,即前述的使用者付费模式;经营收费不足以覆盖投资成本、需政府补贴部分资金或资源的项目,则可通过政府授予特许经营权,附加部分补贴或直接投资参股项目等方式,由项目公司具体负责推进,即可行性缺口模式。需要注意的是:车购税作为公路交通建设的专项税性质,只能补助建设期投资。

根据实际需求,政府可入股项目公司,也可完全由社会资本方独立成立项目公司。政府入股方式包括普通股与特殊股两种。政府持普通股,则与社会资本方同股同权,按股比获得项目利润;政府持特殊股,则不参与项目公司的具体管理工作,也不索取分红,仅在项目公司出现可能危及公共利益或公共安全的重大事件或特殊情况决策时享有一票否决权。

2）回报机制

社会资本方投入收费公路PPP项目后的营利机制主要有以下几个方面:一是合理回报,PPP项目通常会给予社会资本方一定的合理投资回报,并依据合理回报水平确定政府给予的财政补助,基于此,社会资本参与PPP项目后就有基本的预期合理回报,回报的来源主要包括使用者付费和可行性缺口补助;二是建设期利润,基础设施建设项目一般具有较好的建设期施工利润水平;三是运营期利润,即社会资本方可以通过采用新技术、创新管理模式等降低运营维护成本,提高利润空间。需要注意的是:获取建设期利润是社会资本参与项目投资的重要投资考量因素。

3）绩效考核

PPP项目中,运营期绩效考核需设定一定的奖惩机制,从而体现激励相容原则。一方面是对项目公司服务质量的考核,即政府通常会在项目竣工验收后,采用常规考核或临时考核的方式对项目公司的服务绩效水平进行考核,并将考核结果与政府可行性缺口补助支付挂钩,以运维服务的优劣决定政府可行性缺口补助的多寡。另一方面是对投入运营项目车流量的实际监测评估,根据项目实际情况进行年度及中期的评估,分析项目运行状况和合同执行情况等。需要注意的是:对运营期,设定车流量考核机制,对投资者获取合理回报在机制上进行设计控制。

二、收费公路权益转让模式

收费公路权益转让为实现公路建设的持续、滚动发展开辟了一条全新的资金筹措渠道,对于盘活公路存量资产、解决公路建设资金不足、加快路网建设、推动区域经济发展起到了积极的促进作用。受让收费公路权益,是社会投资人参与高速公路投资的重要渠道之一。

1. 对项目的条件要求

转让收费权的公路应符合《收费公路管理条例》第十八条规定的技术等级和规模,长度小于1000米的二车道独立桥梁和隧道;二级公路及收费时间已超过批准收费期限2/3的不得转让。转让政府还贷公路权益中的收费权,可以申请延长收费期限,但延长的期限不得超过5年。转让经营性公路权益中的收费权,不得延长收费期限。

2. 受让方需具备条件

受让方应当具备下列条件:财务状况良好,企业所有者权益不低于受让项目实际造价的35%;商业信誉良好,在经济活动中无重大违法违规行为;法律、法规规定的其他条件。

3. 转让主要程序要求

收费公路权益转让程序主要包括立项申请、资产评估、报批、选择受让方、签订合同、转让审批等环节。

立项申请。转让公路收费权,在办理转让审批前,转让方应在征得相关行政机关和利害关系人同意后,向审批机关提交转让立项申请。

专栏6-1:收费公路权益转让实施情况

自2008年《收费公路权益转让办法》实施后,由于管理严格,收费公路权益转让的积极性一度被抑制,但实际上地方都在进行。据公开报道,重庆高速集团转让了渝邻高速(起于邻水邱家河、止于江北黑石子)、渝湘高速部分路段(界水、水武、武彭等重庆段)、江合路(G93成渝环线高速公路重庆至泸州段)、渝涪高速项目(重庆上桥至涪陵长江大桥北桥头)、成渝高速(G42沪蓉高速公路重庆上桥至桑家坡段)5个高速公路项目;深圳高速公路股份有限公司于2003年将其公司拥有的107国道深圳段及205国道深圳段的全部产权转让给深圳市交通局。

2017年交通运输部交财审函〔2017〕1号,出具了关于同意黄山长江徽杭高速公路有限责任公司100%股权转让的函。鉴于黄山旅游公司提交的转让项目资料符合有关规定,受让方具备《收费公路权益转让办法》要求的条件,同意黄山旅游公司将持有的黄山长江徽杭高速公路有限责任公司100%股权转让给浙江沪杭甬高速公路股份有限公司。

资产评估。转让政府还贷公路、有财政性资金投入的经营性公路和使用国有资本投资的公路收费权,转让方应委托具有资产评估资质的资产评估机构进行评估。收费权价值评估方法应采取收益现值法。对资产评估机构出具的资产评估报告,转让方应按照国家有关资产评估的法规制度规定,报有关机构核准或备案。

选择受让方。转让政府还贷公路收费权和财政性资金投资形成的经营性公路收费权,应采用招标投标的方式,公平、公正、公开选择受让方。

转让合同签订。受让方确定后,转让方和受让方应当依法订立转让合同。转让合同的内容应当与投标人中标承诺的内容相一致。

审批与备案。转让国道(包括国道主干线和国家高速公路网项目,下同)收费权,应当经国务院交通运输主管部门批准。转让国道以外的其他公路收费权,应当经省级交通运输主管部门审核同意,报省级人民政府批准。将公路广告经营权、服务设施经营权与公路收费权合并转让的,由具有审批公路收费权权限的审批机关批准。单独转让公路广告经营权、服务设施经营权的审批,按照地方性法规和省级人民政府规章执行。同意转让公路收费权的,审批机关应当出具公路收费权转让批准文件。

由省级人民政府批准转让公路收费权的,转让方应当在规定期限内将省级交通运输主管部门审核意见、省级人民政府批准文件和转让合同报国务院交通运输主管部门备案。

第二节　高速公路项目投资风险与控制

一、高速公路投资风险

为管理投资风险,要首先识别风险。由于高速公路建设项目普遍具有投资规模大、涉及面广、建设和经营时间长、影响投资效果的因素众多等特点,使项目全生命周期内风险因素多,下面按环节和性质将风险归纳为综合性政策风险、建设期风险、运营期风险、其他风险四类。

1. 综合性政策风险

政策风险主要包括收费公路政策调整、车购税政策调整风险、税收政策调整风险等。

1)收费公路政策调整风险

目前国家正在启动新一轮《收费公路管理条例》修订,综合判断国家将继续坚持高速公路收费政策。但应清楚认识到,高速公路行业是特许经营,不是一个完全市场竞争运作的行业,国家政策对特许经营企业影响很大。企业的主要收入来源是车辆通行费,但收费标准和计费方式的调整是由省级政府有关部门批准的,企业没有定价和调整的权利,且国家对高速公路特许经营是有期限的,国家对一些特殊用途车辆、节假日减免通行费的政策等,这些都不是企业可以控制的,都会影响到企业收益水平。

2)车购税政策调整风险

2015年,交通运输部发布《交通基础设施PPP等模式试点方案》,明确提出对符合车购税补助条件的项目,可以申请车购税投资补助。但这仅限于投资建设期的补助,对部分项目未来运营期车流量不达预期时的补助,没有相应的政策。车购税资金从补建设到可补助运营,应该还需要一段路走。此外,目前国家财税体制改革不断深入,车购税的专项性以及对车购税的改革呼声不断,加之国家先是出台1.6升小排量乘用车车购税减半(2017年减25%)征收政策,车购税的征收规模也受到影响,未来车购税的补助政策及其标准方式存在调整可能。

3)营改增政策的影响

2016年3月23日,财政部、国家税务总局下发《关于全面推开营业税改征增值税试点的通知》(财税〔2016〕36号),要求2016年5月1日起在全国范围内全面推开营业税改征增值税试点,收费公路通行费也纳入了试点范围。按照政策要求,政府还贷性公路通行费不可抵扣,经营性公路通行费可抵扣,开工时间在2016年4月30日(含)前的高速公路路段可取得3%的抵扣发票,一、二级公路路段可取得5%的抵扣发票,开工时间在2016年4月30日之后的路段可取得11%的抵扣发票。

财政部、国家税务总局分别以财税〔2016〕47号以及财税〔2016〕86号文,明确了收费公路通行费抵扣及征收政策,自2016年8月1日起,增值税一般纳税人支付的道路、桥、闸通行费,暂凭取得的通行费发票(不含财政票据)上注明的收费金额可抵扣进项税额。停止执行时间另行通知。

根据增值税政策,不同经营性质、不同技术等级、不同开工时间的收费公路通行费税率不同;而收费公路目前联网收费、统一拆分,公路企业数量众多且分散,经营单位与道路收费站不在同一地点等这些具体情况。为保证营业税改征增值税试点的平稳运行,2016年4月起,交通运输部与国税总局已进行了多轮政策研究、业务分析和技术讨论,研究通行费"营改增"业务规则和技术方案。交通运输部目前与国税总局初步形成了以ETC收费为主、现金收费为辅,电子发票为主、纸质发票为辅的增值税发票开具方案。

2. 建设期风险

1)利率风险

利率风险是指在项目整个周期内,由于利率变动直接或间接造成项目的投资增加或收益受损的风险。高速公路投资者一般会通过贷款方式弥补自有资金的不足,而贷款一般是浮动利率,一旦利率上升,项目运营成本就会攀升,从而导致净收益减少。

2) 征地拆迁风险

征地拆迁风险是指在确定的征地拆迁费用和程序、时限内无法完成征地拆迁工作的风险。征地拆迁工作存在复杂、难度高等特点,可能会带来社会问题,因此征地拆迁成本超支或难以如期完成的风险客观存在。再有,目前各地征地拆迁费用构成不尽相同,如东部地区项目概算中,建安费用约占50%,其他费用约占50%,其中主要是征地拆迁费用约占36%。征地拆迁费用中,耕地占补平衡费用比较高,一般要占到征地拆迁费用的一半。征地拆迁费有可能存在是否超出批复概算风险。若是多种经营模式,还可能存在征地规模是否达到项目要求等风险。

3) 材料价格波动风险

高速公路项目在建设期对沥青、砂石、水泥、钢材等原材料的需求量较大,在项目建设成本中占有较大比例,受市场供需和环保政策影响,在项目建设过程中可能存在原材料价格上涨较多的风险。以砂石为例,近年来,受国家环保政策影响,各地产能落后的小、散矿山或料场陆续被关停,也间接地影响砂石市场供应量;从需求侧来看,受经济下行压力等影响,我国推动基础设施建设需求量增加,使得砂石需求量巨大;加之,符合环保要求的现代化的新型石矿的建设仍在进行中,形成了新旧动能转换的空档期,在供需矛盾突出的情况下,使我国砂石价格自2017年以来持续上涨,并在高位"震荡",局部地区砂石短缺蔓延至我国主要经济区,砂石高价、短缺成为行业普遍现状。砂石等原材料的非理性上涨,造成建设成本超支,需要引起投资人的高度关注,投资人在投资高速公路项目时,应与项目业主充分协商,合理分担原材料价格上涨的风险,例如若主要材料价格发生波动时,波动幅度在 ±5% 以内(含5%)的,材料价差不进行调整;波动幅度超出 ±5% 的,按照超出部分调整材料价差。

3. 运营期风险

1) 最低需求风险

最低需求风险是指项目建成后车流量达不到预测车流量的一定比例,造成车辆通行费收入不足的风险。通常工可预测中的通行费收入比较乐观,这也是运营期的重大风险之一。此外,包括出行方式改变带来的车流量变化,由于经济转型造成的交通车型变化对收费收入的影响等,这类风险受外部市场经济变化的影响,一般说这类风险很难控制,需投资人在参与投标前做好项目的预测工作,若是与政府合作项目,需在相关合同中与政府预定风险分担的机制。同时,由于项目的运营管理提供的通行环境以及配套服务跟不上,也会影响到交通量,但这类风险属于可以管控的风险,要通过企业内部管控机制,防范和降低风险。

2)新增加竞争项目风险

新增竞争性项目风险是指由于区域内路网结构调整或新增竞争性项目,建设与本项目具有同类竞争性项目,导致交通量被分流,项目收入减少。具体而言,主要指在项目左右侧间距不大于25公里范围内,建造与本项目平行、方向相关且构成车辆实质性分流的一级公路标准或其以上的竞争性公路。该项风险可通过对各省路网中长期规划以及年度投资计划判断。

3)综合开发风险

目前新建收费公路通行费收入通常无法覆盖投资成本,属于可行性缺口补助模式。政府给予配套项目或资源的开发经营权,项目公司一定要在现行的法律框架下予以合理安排,不宜踩"红线"去"创新",影响后期项目落地。同时要注意规避已有的政策法规红线,如类似固定回报、明股实债的安排,要重视其中蕴藏的合规风险。

4. 其他风险

1)合同风险

合同风险是指由于受到各种主客观因素影响,在有关合同订立、合同条款、合同执行中出现的,给主体利益造成损失的可能性。针对PPP模式,政府与社会资本要按照平等协商原则订立合同,双方要明确责权利关系,由社会资本提供公共服务,政府依据公共服务绩效评价结果向社会资本支付相应对价,双方实现利益共享、风险合理分担。

2)政府违约风险

政府方违约风险包括政府因社会公共利益需要而终止合同的风险,如政府提前收回特许经营项目;以及政府事前约定给予项目公司一定政府补助或补偿,并在确定的时间内予以支付,但因各种原因政府尚未兑现从而给项目单位带来损失的风险;还有政府换届,新的领导班子有可能不再认可上一届或几届政府的承诺。对于项目风险的防控,很重要的一点是要在特许经营协议时尽可能详尽相关条款,即使出现纠纷也能够争取在法律上有准备,在特许经营合同中还应明确政府和社会资本间项目风险的分担机制。

针对投资高速公路可能面临的政策风险、建设风险、运营风险、其他风险等进行评估,将风险严重程度划分为正常、关注、重点关注三个等级,并提出了风险防控思路,见表6-2。

高速公路投资项目风险评估　　　　　　　　　　表 6-2

风险识别	风 险 点	严重程度	风险防控及处理方式
政策风险	收费公路政策 车购税政策 税收政策等	正常 正常 正常	跟踪国家相关政策
	地方政府优惠政策	关注	密切关注重点投资区域及项目所在地的地方政府投资优惠政策
建设期风险	利率风险 征地拆迁风险	正常 关注	锁定金融风险 与政府合理分担,并在项目合同中给予明确
运营期风险	最低需求风险 新增项目风险 综合开发风险	重点关注 关注 关注	投资前期加强预测 跟踪路网建设规划 在现行的法律框架下合理开发
其他风险	合同风险 违约风险	重点关注 重点关注	锁定合同相对方 项目合同(特许经营协议)时要尽可能详尽,通过协议约束双方违约行为,并在法律方面做好准备

二、高速公路风险管控

风险共担是 PPP 模式的核心特征之一,合理的风险分配机制是落实共担的关键。财政部印发的《关于推广运用政府和社会资本合作模式有关问题的通知》(财金〔2014〕76号)明确要求,按照"风险由最适宜的一方来承担"的原则,合理分配项目风险。鉴于收费公路 PPP 项目政府与社会资本合作期比较长(一般情况下 20~30 年),在这么长的合作期限内,市场环境、法律政策等都会发生巨大变化,项目能够顺利推进并不容易。从实践经验来看,实施效果较好的 PPP 项目往往都有完备而公允的项目合同,且在合同中对风险及风险的分配机制上,有较合理的设计。

1. 政策风险管控

一般来讲,政策风险投资人难以管控,按照风险合理分担的原则,应该由政府一方承担。操作中,需要在 PPP 合同或特许经营协议中进行明确,并明确一旦发生政府给予的补偿方式和价格等。

对建设期需要政府补贴的项目,无论补贴资金来自车购税还是地方政府其他财政资金,都要在合同或协议中明确政府对项目建设期的补贴金额与资金拨付的程序和时间进度要求,以确保政府资金能够及时、足额到位。

2. 建设期风险管控

建设期主要风险是征地拆迁风险,管控措施是要在合同协议中明确征地拆迁事项中政府与项目公司的责任,如明确征地拆迁费由政府按批复概算包干使用,或者按照政府批复的征地拆迁补偿标准由地方政府包干使用,政府负责完成征地拆迁工作等。

另外,在建设期公司还可能面临建设费用超预算、施工技术、工期等多方面的风险,这些属于企业承担的风险,企业应加强管理防控。

3.运营期风险管控

项目运营期可能遇到的最大风险就是最低需求风险。一方面,在投资前,投资人应委托专业的、经验丰富的评估机构充分论证项目运营后可能带来的交通量,避免出现预测交通量同实际使用量偏离过大。另一方面,针对运营期可能出现的最低车流量情况,与政府签订合同时应有相应的条款,如约定最低车流量政府补贴机制等。

专栏6-2:关于严格政府违约管理

2016年11月4日,共中央国务院印发《关于完善产权保护制度依法保护产权的意见》,明确提出大力推进法治政府和政务诚信建设,地方各级政府及有关部门要严格兑现向社会及行政相对人依法作出的政策承诺,认真履行在招商引资、政府与社会资本合作(PPP)等活动中与投资主体依法签订的各类合同,不得以政府换届、领导人员更替等理由违约毁约,因违约毁约侵犯合法权益的,要承担法律和经济责任。因国家利益、公共利益或者其他法定事由需要改变政府承诺和合同约定的,要严格依照法定权限和程序进行,并对企业和投资人因此而受到的财产损失依法予以补偿。

第三节 高速公路投资策略分析

针对选择的重点投资区域与项目,根据区域与项目特点,给出投资实施的策略建议,包括投资模式选择、投资时机、关键环节要点把握等,力争将风险降低到最小、收益最大化。

一、投资模式选择

1.收入能够覆盖成本的项目

对于通过评估预测特许经营收入能够覆盖投资运营成本的项目,可以BOT或者

"BOT+EPC"模式为基础,开展具体投资分析。一般情况下,政府会把项目一揽子特许经营权授予投资者,政府在项目中不入资、不占股权,由投资者完成投资、建设、运营、管理。或者,政府采取参股方式和社会资本共同设立项目公司,成为项目的股东。

投资者需基于对项目未来可能的收益,进行充分的论证作出投资决策。可根据自身财务状况,选择与金融机构或长期投资合作的战略投资者合作,金融机构可以作为社会资本直接参与投资,也可以作为投资人提供融资,间接参与项目。另外,高速公路项目属于一种风险比较低、收益中等、长期限较稳定的投资项目,对于基金投资人具有一定的吸引力,产业基金参与高速公路项目投资,对于投资人与基金管理人是双赢的选择。

> **专栏6-3:某高速公路项目**
>
> 该项目是贵阳至长三角运输大通道,建成后将比沪昆通道缩短60公里,比贵瓮通道缩短39公里,将是贵阳东出长三角经济区最便捷的高速通道。项目投资建设,将吸引沪昆通道、贵瓮通道上的交通量。经测算,该项目资本金收益率税后可以达到10%以上,属于收入能够完全覆盖投资运营成本的项目。运作模式采用的是:政府在项目建设期给予一定财政资金支持,项目运营获利后再偿还政府投资。

2. 收入不能完全覆盖成本的项目

对于特许经营收入不能完全覆盖投资运营成本的项目,需要政府以财政补贴、股本投入、优惠贷款和其他优惠政策给予社会资本补助。具体可采用BOT+政府特殊股份+政府建设期补助、BOT+政府普通股份+政府运营期补贴等模式。下面通过两个案例说明。

1)"BOT+政府特殊股份+政府建设期补助"运作模式

项目概况:某桥梁与路基段建设项目总里程8.281公里,含特大桥一座4557米,大桥一座646米,中小桥一座22米,路基段按一级公路标准,设计速度采用80公里/小时。项目总投资11.93亿元。

合作方式和合作期限:项目拟采取"BOT+政府特殊股份+政府补助"方式。政府指定相关单位或企业持有项目公司的特殊股份,且在建设运营期间不参与项目公司的具体管理工作,但享有一票否决权,即在项目公司出现可能危及公共利益或公共安全的重大事项时,可以实现对社会资本的有效监督管理。项目合作期限为33.5年,包括建设期和运营期(含收费期)两个阶段。

项目回报机制:项目公司取得收益方式包括项目使用者付费(通行费收入)及政府

可行性缺口补助两部分。车购税资金,一部分作为政府特殊股份投入,占项目资本金比例的20%,另一部分作为政府投资补助,在建设期投入。

收益分配机制:政府在项目的合理回报区间内不参与项目的收益分配也不进行运营补贴,但对超额收益以及超低收入进行调节。

项目风险分配:按照风险分配原则,综合考虑政府风险管理能力、项目回报机制和市场风险管理能力等要素,项目设计、建造、财务和运营维护等商业风险由社会资本方承担;政策和最低需求等风险以政府为主承担,但本级政府不完全可控的风险由政府和社会资本方共担;不可抗力等风险由政府和社会资本方合理共担。

2)"BOT+政府普通股份+政府运营期补贴"运作模式

政府投资作为普通股份,与作为特殊股份的主要区别是,政府方与中标的社会投资人签订投资协议,政府方出资人代表与中标社会投资人组建项目公司。由项目公司对项目的全过程负责,并在合作期限期满后将公路、附属设施及相关资料无偿移交给政府或其指定机构。政府持有普通股份,与社会资本一同参与项目的日常运营管理工作,享有项目投资收益权。

专栏6-4:某项目合理收益及其调节机制

某项目在PPP合同中约定,当项目实际通行费收入在工可预测通行费收入的80%~120%之间时,视为合理回报区间,具体收益政府与社会资本按照持股比例分成;当实际通行费收入低于工可预测通行费收入的80%时,政府给予补贴,补贴至工可预测通行费收入的80%水平;当实际通行费收入为工可预测通行费收入的120%以上时,视为超额收益,超额收益全部归政府方所有。

---

3. 受让高速公路收费权的项目

目前,我国许多地方收费公路运营主体为省交通集团,而省交通集团债务水平一般都较高,资产负债率平均约70%,有的已高达80%以上。同时,各省交通集团目前仍承担着繁重的投资建设任务,亟须通过盘活转让存量公路资产、回收资本金来缓解债务压力。

此外,国内一些大型施工类企业近年来积极参与地方收费公路PPP项目,资金压力较大,也有转让已建成项目回笼资金的意愿。如中交、中铁、中水电、中能建等大型基建央企近年来就在不断为旗下已建成运营的收费公路项目寻找买家。

对地方政府来说,地方财政资金有限,而地方政府债券用于交通规模又非常有限,面对"十三五"交通建设高峰期的繁重任务,有较为强烈的收费公路权益转让、盘活存量资产的需求。

综合以上情况可以看出,今后在保证国有资产安全的前提下,放宽转让入口审批,严格转让后项目服务监管,即放松转让管制、规范转让行为是大势所趋。

4. 多种经营综合开发投资模式

现阶段,很多高速公路建设项目仅靠通行费收入不能完全覆盖投资运营成本,为确保收益最大化,需要实施综合体开发。重视高速公路沿线土地资源、服务区等设施的地域性、关联性综合开发,盘活高速公路沿线已征土地,开发建设物流园区,拓展服务区近城区城市综合体建设,延伸服务区产业经济链等,全方位提升高速公路投资的综合收益,开展多种(综合)经营开发投资模式实现收益最大化。

专栏 6-5:沿线旅游资源开发与交通基础设施建设捆绑 PPP 项目

某市旅游综合体 PPP 项目,由首尾相连的三段公路改扩建工程及沿线旅游资源综合开发共同组成,建设内容为三段二级非收费公路(旅游公路)及相应的慢行系统,以及部分沿线旅游资源和驿站。

沿线旅游资源开发建设项目,一部分为古镇旅游集散中心的建设,另一部分为沿线旅游资源的开发,具体包括无偿划拨给本项目的沿线六大景区。另根据具体投资收益测算,还可纳入除沿线这六大景区外的其他旅游资源,以尽可能确保旅游资源收储和新增项目实际净利润在合理回报区间。

项目经营收入不足以覆盖项目投资建设和养护成本,需要政府给予一定财政投资补贴及股金支持。项目运营期间,项目公司的收入来源包括纳入沿线旅游资源和新增项目经营收入、广告经营收入和服务设施经营收入。

测算后项目资本金税后内部收益率可以达到 8.0%。

专栏 6-6:港口基础设施建设与商住土地开发补贴捆绑 PPP 项目

某投资公司(绝对控股)与其他两家公司共同出资,投资建设××新港区一期工程,2009 年投资建成并投入运营,截至 2012 年,营业收入 3084 万元,亏损约 4020 万元。2012 年,市政府为发挥港口优势,完善港口功能,扩大港口规模,决定启动新港区二期工程,希望投资公司继续投资建设并运营二期项目。

考虑到项目营利能力欠佳,政府给予项目商住土地补贴方式扶持二期工程。这样,公司作为二期项目的投资人,继续负责项目的投资建设与运营。项目采取"主合同+补充协议"方式,"主合同"即港口建设及运营协议,约定二期项目投资建设条款;"补充协议"主要针对政府补贴的相关条款,包括明确地块规划指标,即限定规划指标,确保不低于要求;挂牌出让土地使用权,成本及效益回流,即拟定采取公益性项目扶持或补贴的形式回流,约定相应条款。

商住用地补贴方式具体运作形式:投资人以一级开发名义进入;确定补贴总额为2.7亿元,折合商住用地386亩;分两期,首期(350亩),分三批次(127亩、100亩、123亩)挂牌;完成主体工程后,剩余36亩商住用地收益以现金形式支付;约定地块成本价40万元/亩(含税费手续费)。政府方负责组织按约定时间挂牌,110万元/亩以下投资方负责摘牌,超过110万元/亩(对土地价值进行的评估价)投资方不摘,成交后政府方支付土地出让金(含成本及相应70万元/亩收益)给项目公司。

二、投资时机选择

1. 新建项目投资时机选择

我国高速公路建设投资主体众多,投资市场竞争日益激烈。实现成功投资的关键在于及早抢抓机遇,选准选对项目。

早抢抓机遇,选准选对项目。应结合国家区域和省级高速公路网布局规划与建设重点,建立未来5年或10年计划内的高速公路建设项目库,对项目进行投资可行性排序,按照轻重缓急有重点选取重点投资项目,确保项目选对选准。

及时做好投资决策对接,确保项目投资落地。针对项目库中的重点项目,通过国家和重大区域合作发展高层会议、省市年度的人大会议和政协会议、相关省市高层访谈等多种窗口和媒体,提前捕捉高速公路建设启动决策信息,第一时间启动各方面的对接与投资合作洽谈工作,在政府投资项目选择投资商方面占得主动,赢得先机。同步衔接拟投资项目前期启动工作,全程跟踪并及早参与到项目建议报批、工可、设计等前期各工作环节中,并为后期政府项目审批、土地征拆、开工建设等工作奠定良好基础。

1)纳入中长期规划及5年发展规划的项目

《国家综合立体交通网规划纲要》规划了未来一段时期的国家高速公路网、普通国道网的架构,提出到2035年建设发展目标,对此交通运输部和地方将通过五年规划进行阶段性落实和布局。按照《国务院关于实行中期财政规划管理的意见》(国发〔2015〕3号)文件要求,"十三五"期交通运输部着手建立"五年发展规划-三年滚动财政规划-年度计划"的规划体系,建立531项目库。各地方也均在五年行业规划中明确阶段重点项目。当前高速公路建设的主要趋势是:一是积极推进高速公路待贯通路段建设,力争高速公路主线基本贯通;二是有序推进高速公路繁忙路段扩容改造和分流路线建设,优化综合运输通道和物流大通道能力配置;三是慎重决策高速公路远景展望线建设,除少量需求迫切、条件成熟、国家区域规划已经明确的项目外,原则上不提前建设。

因此,在进行高速公路投资机会的识别时,要优先考虑国家及地方高速公路网整体布局,特别着重于五年规划的重点建设项目库。这些已纳入5年发展规划的项目,可以说是投资时机、投资目标已经明确,应重点关注、积极跟进。

2)纳入年度投资计划的项目

年度计划是五年规划在实施中的细化和落实,对已纳入规划的项目,由交通运输部负责布置年度投资计划的编报工作。每年第三季度向各省(区、市)下发编报建议计划通知,交通运输部依据各省级交通运输主管部门建议计划对项目进行遴选,列入交通运输部年度计划。纳入交通运输部年度计划的项目,地方交通运输主管部门组织编制工程可行性研究报告及初步设计批准(核准)文件。对于特许经营项目,政府组织投资人招标工作。

列入交通运输部年度计划的项目,应是在计划年度内具备开工条件的项目,即已经完成项目的前期工作批复文件,包括可行性研究报告(或项目申请报告)和初步设计批准(核准)文件。

对于这类项目,可以说是投资时机、投资目标已经非常明确,投资人则应积极参与。对于由于前期工作不到位,未被纳入年度计划的项目,投资人可作重点跟踪,因为项目一旦前期工作完成,可以进入第二批或第二年的计划。

2. 扩容改建项目投资时机选择

早期建设的高速公路,随着交通量的不断增长、功能及地位的提高和路网功能的变化,出现了交通拥堵的现象,影响了高速公路服务水平和交通安全,亟须在原有高速公路的基础上进行扩容改建。近些年,沪宁高速公路、京石高速公路、佛开高速公路等都进行了改扩建。

参与高速公路改扩建项目的时机,可注重跟踪具有区位优势的已经运营的高速公路,如已投入运营10年、15年的项目,观测其交通量拥堵情况以及政府改扩建规划意愿,如有意向则需及早跟进并拟定公司的投资方案。

当然,一般情况下项目改扩建多由原投资经营者实施,但引入新投资者也是一种选择方式。特别是对政府还贷公路实施改扩建,社会资本参与的可能性还是很大的。

3. 受让收费权项目投资时机选择

根据前述分析,无论对地方政府部门,还是高速公路管理企业以及近些年通过PPP模式进入高速公路行业的大型施工企业,都存在盘活存量资产、回笼资金的需要,转让已经建成的高速公路都是一种重要选择。投资者应密切关注相关信息,对建设任务重的地区、旗下高速公路项目多且急于盘活的企业保持沟通跟踪,捕捉好的投资机会。

三、关键环节把握

1. 把握好收益分配环节

确定公允的合理收益水平。合理收益是指投资人投资PPP项目所获得的收益水平(比如社会资本资本金税后收益率)处于一个市场合理水平,如为银行长期贷款利率水平上浮一定比例。根据现阶段对收费公路PPP市场调研了解到,一般企业型基金、信托投资者参与PPP项目,通常要求资本金税后回报率在8%~10%以上;以施工为主的企业参与PPP项目,通常因可以额外赚取施工利润,要求资本金税后回报率在8%左右,若是掌握大量优质信贷或其他资源的央企,要求回报率可以下浮至6.5%甚至6%。

设置可行的收益分配机制。即超出合理收益区间范围之外的风险或收益的分配机制,通常高速公路PPP项目,会将其转换为车流量的风险分配机制,比如车流量兜底和超额分成的上下限设置为工可预测车流量的90%~110%、80%~120%等。具体划定在什么水平,受双方风险偏好、项目可靠程度、区域经济规划等诸多因素影响,需谈判约定。

2. 把握好风险分配环节

制定合理的风险分配方案。一定要根据风险的性质和特点,在政府和社会投资者之间设计合理的风险分担方案。承担的风险越多,相应的风险回报(收益水平)应越高。

制定风险评估与防控方案。对投资人承担的风险,投资人应具有承担该风险的能力,制定相应风险防控方案,明确化解或转移风险的条件资源及应对措施。

3. 把握好项目利润点

建设利润。目前,高速公路PPP项目主要运作模式是"BOT+EPC+政府补助(投资)"。投资人在承担项目的建设施工中,可以获得建设施工利润,包括合理的建设利润、优化设计获得的利润、优化融资形成的利润等。

经营利润。在PPP项目实施方案中,通常会给社会资本一定的投资回报,并依据这一回报来确定财政补助或投资的责任。基于此,社会资本参与PPP项目后就有基本的预期合理回报。此外,还可以通过以下三方面提高利润空间:一是通过使用高效的管理手段,降低运营成本。二是采用先进管理手段,通过合理的技术组织安排,降低维护成本。三是通过更好地利用广告经营权、服务区经营权等方式提高收入来源。

4. 把握好项目退出环节

项目退出,包括经营期满退出、经营期间不可抗力退出、经营期间约定条件退出等多种情况,对此应针对每种可能情况进行具体约定,以规避不必要的违约成本。这里,介绍约定条件退出的几种情况及其通常做法:

当通行费未达约定预期时退出。在现有的项目中,有的潜在投资人提出,当项目运营期达到10年时,若项目运营年度车辆通行收入低于工可预测值的70%时,经协商,社会资本有权减持项目公司股份或退出该项目。还有的提出,自项目运营满7年后,项目运营年度经审计的车辆通行费实际收入连续3年均达不到工可报告中的车辆通行费收入的50%时,政府可对本项目进行回购,甲、乙双方均不承担违约责任,本合同解除。

项目正常经营中约定退出机制。由于高速公路项目整个建设经营周期较长,一些社会资本不愿进行长期投资,而希望能在项目正常运转时及早退出。对此,应当在法律法规允许的范围内,及早做好约定,比如在项目公司股权层面设置退出机制,在项目公司股东层面设定退出机制等。

CHAPTER SEVEN 第七章

高速公路路衍经济开发内涵及实践

第一节　路衍经济内涵与分类

一、路衍经济内涵

目前,关于高速公路路衍经济,业界并没有统一和权威的定义,有路沿经济、路延经济、路域经济和路衍经济等不同说法。路沿经济是指围绕高速公路沿线发展的经济;路延经济是围绕高速公路运营延伸出来的经济;路域经济指的是依托道路辐射带动形成的生产力布局及区域经济发展体系,是区域经济的概念。高速公路路衍经济是依托高速公路派生和演变产生的经济,是一种更开放、更彻底、更有冲击力的转型经济,既包括路沿经济、路延经济和路域经济,也在三者的基础上演变出新的内容,反映了对路沿经济、路延经济和路域经济的超越,体现了高速公路转型发展的裂变。

本书中,路衍经济指依托高速公路线路资源,地理上向高速公路两侧及周边扩展,业态上依托高速公路核心功能业务向关联产业延伸,通过综合施策和资源开发利用而形成的关联产业或业务集群。可以说,路衍经济是依托高速公路这一特有运营管理对象派生和延伸出来的经济业态,是公路经营开发发展到一定阶段转型升级的必然产物,是信息化技术时代产业走向融合发展的必然趋势,是高速公路经营管理主体追求公路经营开发经济效益和社会效益最大化的必然选择。

二、路衍经济分类

实践中,结合高速公路路衍经济发展现状及其服务性特点,可以从以下几个方面对高速公路路衍经济业务进行分类:

按产业体系划分:高速公路路衍经济业务产业体系包括主体产业和相关产业两大类。主体产业包括服务区、沿线广告设置、高速公路通信系统的经营与开发等,主体产业是高速公路路衍经济业务发展的重点。相关产业包括高速公路周边单位或个人所从事的商业性服务等,相关产业是为主体产业服务的。

按开发时间划分:高速公路路衍经济业务可分为传统路衍经济业务和新兴路衍经济业务,传统路衍经济业务主要是围绕高速公路服务区展开的,包括超市购物、餐饮住宿、汽车维修与加油、停车场等业务板块,以及绿色种植(养殖)、通信设施租赁等;伴随着经济社会发展、现代科学技术进步和一些新产业的发展,产生了很多新兴的路衍经济业务,如综合商体、新能源、物流、旅游、智慧公路开发等业务,体现了高速公路产业的转型升级和服务升级。随着高速公路的快速发展,有些新兴路衍经济业务已经被认识并开始兴起,而有些则需要进一步挖掘隐性资源去开发出来。

按经济性质划分:高速公路路衍经济业务按经济性质划分,可分为营利性业务和非营利性(公益性)业务。例如,高速公路服务区内的公共厕所、停车场等是公益事业,属于非营利性路衍经济业务,也可称为公益性业务;而服务区中的加油站、餐饮、超市、休闲娱乐等具有经营性的特点,一般属于营利性路衍经济业务。公益性与经营性并存是高速公路路衍经济业务的一个重要特点。

三、发展路衍经济意义

贯彻落实交通强国建设有关国家战略,未来高速公路建设发展任务仍艰巨繁重,但新建公路建设成本大、融资渠道窄,往往财务效益较差,高速公路行业债务负担沉重,迫切需要拓展除主营业务(收费业务)之外的新的利润增长点,反哺主营业务发展。与此同时,新一代信息技术、数字经济的快速发展,促进了交通运输与其他产业融合发展。加快建设交通强国和综合立体交通网,高速公路行业除了要提供高效率、高品质的通行服务外,还要向以价值创造为核心的服务产业深度开发转变,实施高速公路路衍经济综合开发与利用提供一条可行路径。

是推动行业高质量发展的内在要求。当前,我国交通运输正从交通大国向交通强国迈进,信息技术、数字经济与交通产业加速融合,新技术、新业态、新产业、新模式不断涌现,正在深刻改变着传统交通运输模式、运输组织方式、出行消费特征和交易结算形式,为交通运输提档升级创造了有利条件。实施高速公路路衍经济综合开发利用,推动高速公路"上下游、左右向"产业联动实现融合发展,由过去单纯建设和服务经济社会发展的模式,向引领带动相关产业衍生互动、融合发展转变,能够有效拉动高速公路及相关产业投资,实现新增长;能够形成企业与政府、不同行业之间新型互动关系,提供包括营利、非营利业务在内的多元化的优质新服务,带来交通运输发展新动能,进而带动促进高速公路行业转型升级、高质量发展。

是促进企业转型升级的重要抓手。随着经济社会发展,高速公路建设和经营成本迅速攀升,加之随着路网的日趋完善,新建高速公路对原有路网往往产生分流作用。大型交通企业若单纯依靠收取通行费的传统单一经营模式,难以实现可持续发展。此外,高速公路均有明确的经营期限,这与大型交通企业生存发展永续性之间存在必然矛盾。实施高速公路路衍经济综合开发,可以为大型交通企业拓展新的业务领域,带来除主营业务之外的新的利润增长点。实际中,近年来国内一些大型交通企业开始越来越重视路衍经济开发,在服务区开发、广告业务开发、能源业务开发、旅游业务开发等方面都积极进行了一些有益探索,走出了一条专业化、标准化、规范化的发展道路,取得了丰厚的经济效益和良好的社会效益。展望未来,公路经营企业积极发展路衍经济业务,开展多元化、差异化、特色化经营,实现转型发展已成为行业发展的共识。

是深化行业投融资创新的新举措。高速公路作为交通强国建设的重要组成部分,未来相当长一段时期,其建设发展任务仍艰巨繁重,资金需求量大。高速公路虽然具有收费机制,但是由于其投资大、周期长,短期内难以收回成本;加之当前公路网已基本成型,行业由大建设、大发展阶段逐步向建管养运并重转型,新建高速公路逐步向偏远山区发展,社会效益显著,经济效益较差,单纯依靠通行费收入难以吸引社会资本,因此迫切需要破解公路建设发展筹融资难题。实施路衍经济综合开发利用,可以将公路与其他产业或经营性资源(如土地资源、矿产资源、旅游资源等)打捆,采取政府和社会资本合作(PPP)等模式,通过经营性资源经营开发收入反哺公路建设发展,拓宽筹融资渠道,适度减轻行业债务负担,实现交通"软着陆"。

新时代,高速公路行业正逐步步入后市场化改革的二次孵化期,正经历从等车上路到引车上路、从单一业务到多元经营开发、从投资建设运营到综合开发利用的转变。如何利用好已建成和在建的庞大高速公路资产资源,盘活资源存量、挖掘业务增量、不断提高高速公路资产使用效益和综合开发的经济社会效益,降低高速公路资产负债率,实现行业转型发展,迫切需要加强顶层设计。

第二节　路衍经济开发实践

一、综合商体开发

无论是欧美、日本等发达国家,还是国内路衍经济开发标杆企业,都把高速公路服务区综合商体开发作为路衍经济的发展重点,以"升级化""新理念"为发展方向,使高速公路服务区摆脱了传统的加油、快餐、如厕等概念,融合了高速公路的商业设施和文化元素,向商业综合体模式方向不断演变。

1. 国外案例

国外的高速公路起步较早,伴随着高速公路的发展,高速公路的服务区规划建设也逐渐趋于规范、合理、完善。同时，由于市场化程度高，路网发达的欧美、日本等地，高速公路服务区早已摆脱了服务区的传统概念，融合了高速公路的休息区、商业设施和旅游文化元素，向商业综合体模式方向不断发展升级。

> **案例1**：日本高速公路服务区综合商体。日本高速公路服务区的类型划分与国内基本一致，通常分为服务区和停车区两种。日本的高速公路服务区是集服务、休闲、娱乐于一体的开放式、商业化的服务区。近年来，日本公路管理部门、高速公路经营公司与旅游、环保等部门加强合作，将服务区打造成为兼具观光、休闲功能的景观。日本高速公路服务区在满足道路使用者基本需求的同时，充分考虑与周边环境的协调性，包括与周边自然景观、人工建筑等的和谐统一，功能上不再局限于提供加油、休息、如厕、餐饮等基本服务，而是一种融合了商业购物、旅游观光和休闲娱乐等功能的"升级化"服务，酷似大都市的商业综合体。如东名高速公路上的富士川服务区，地处富士山附近，服务区以景观为核心，拓展了多项旅游娱乐功能。服务区内设置了观景台，世界遗产富士山尽收眼底，日本三大急流之一的富士川流经富士山侧的自然美景令人流连忘返，明媚的风光一览无遗，吸引很多观光客驻足。服务区内开设了星巴克门店，店内可以购买到富士山限定杯。服务区附近还建设了富士川乐座，内部餐馆用当地原产时令食材制作美味佳肴，商店内经销县内外各种土特产品，还设有体验馆、天象仪、摩天轮等娱乐设施。

> **案例2**：美国高速公路服务区综合商体。美国高速公路服务区间距在交通量大的区段为16~24公里，交通量小的区段为32~48公里。美国是车轮上的国家，物流人流主要依靠汽车运输，其高速公路路网非常发达、完善，配套的服务区也非常完善，其高速公路上的大型服务区就是一个商业综合体。如美国爱荷华80卡车服务区是全世界最大的卡车服务区。服务区内除了有现代化的餐饮、商场，还有休息室、淋浴间、游戏室、电影院、理发店、牙医诊所。服务区内开设有面积达3万平方英尺❶的美国最大的卡车司机商店，经营7.5万个项目，包括卡车镀铬配件、收藏品、书籍、DVD、手机配件、服装和清洁剂等。服务区内还建设了汽车博物馆，吸引许多过往旅客驻足参观。

---

❶ 1平方英尺＝0.0929平方米。

案例3：欧洲高速公路服务区综合商体。为保障运输安全，欧盟专门对司机的驾驶和休息时间作出规定，驾驶人员和车辆在连续工作3小时后必须进行休整。英国、法国等国家高速公路设有完善的服务设施，基本上每10~15公里设一处休息区，每40~50公里设一处服务区。服务区占地面积根据交通量、车型结构、设置位置等综合考虑，一般设置在150亩左右，个别大的服务区面积超过300亩。根据功能需要，服务区主要由停车区、司机和旅客休息区、车辆维修区、加油区、活动休闲广场等组成。服务区功能不断升级拓展，旅客休息区一般都有餐饮、购物、住宿、休息厅、娱乐等功能。如伦敦至斯塔福德高速公路服务区，它在设计上注重打造休闲娱乐功能，服务区整体呈现英式田园景观，露天广场上有小型喷泉点缀其中，设置了景观桥通道，停车场间隔种植了景观树，露天座椅让人们可以在此休息享受田园风光，建设了小型儿童游乐场，服务区内设置有各种购物餐饮场所。

2. 国内案例

在国内，如江苏交通控股有限公司、山东高速服务区管理有限公司、浙江省交通投资集团实业发展有限公司、湖北交投实业发展有限公司、广东通驿高速公路服务区有限公司等，在服务区商业综合体运营上，全力打造"服务区+"新型业态，引入餐饮新理念，发展特色产品经营，拓展服务区旅游休闲娱乐功能，取得了显著效益。

案例1：融合地方特色文化。沪宁高速公路阳澄湖服务区建筑面积达4万平方米，以"梦里水乡、诗画江南"为总体设计理念，充分融入苏州特色的"一街三园"元素，打造成为别具特色的园林式综合商体。服务区设立非遗文化艺术中心，苏绣、宋锦、昆曲，精美的艺术展和文化活动让游人流连忘返。

案例2：引入服务区餐饮新理念。山东高速服务区公司推出餐饮创新理念和"一区一特色，一路一品牌"，提供特色快餐、风味小吃、自助餐、明档等多种供餐形式，同时坚持各类食品48小时留样制度，有效保证了食品安全和服务档次。浙江省交通投资集团实业发展有限公司管理的沪杭高速公路长安服务区，引入地方特色五芳斋粽子，还设立了星巴克咖啡、永和大王、肯德基、杭州味道、特色面馆、吉祥馄饨、特色小笼等品牌快餐和特色餐饮。沪宁高速公路阳澄湖服务区餐饮提供以阳澄湖水产为主的美味佳肴，备受广大旅客的青睐。

案例3：发展特色产品经营。沪宁高速公路阳澄湖服务区的商场以提供苏州土特产为主，同时经营江、浙、沪地区名优特商品；太湖服务区结合宜兴当地特色，打造宜兴土特产专柜，销售宜兴紫砂、土特产、嘉兴粽子、板栗、百合、银杏、笋干等，成为服务区一大亮点。山东高速公路的德州服务区专辟德州扒鸡体验馆，扒鸡文化为服务区文化增色，据统计，德州扒鸡在德州服务区的年销售额近2000万元，高速公路服务区成了德州扒鸡的重要销售渠道。

案例4：拓展服务区休闲娱乐等商业功能。山东高速公路泰安服务区通过升级改造，从过去的单体功能独立设计转变为商业综合体一体化设计，服务区综合商业楼具备现代化的商超装修风格，设置了高速食堂、西式快餐、区域特色餐饮、烘焙、咖啡厅、冰激凌店、速购便利店等多门类、多层级消费档口，满足了差异化消费需求。同时利用靠近泰山景区的地理位置优势，兼营泰山旅游纪念品、泰山奇石，泰安煎饼等地方特色产品和泰山地方名吃，设置了针对家庭客户的住宿服务，还为货车司机设置了"司机之家"，提供24小时开放的快餐、淋浴、洗衣房、胶囊公寓等设施。

部分地方政府部门对高速公路服务区开发也相当重视，针对传统的高速公路服务区功能简单、面积较小，无法满足商业开发需要，加大完善配套政策进行支持。如山东省交通运输厅、山东省发展和改革委员会等四部门联合发布了《山东省高速公路服务区布局规划（2016—2030年）》（鲁交建管〔2017〕57号），按照服务区的地理位置、路段交通量、功能和规模大小，将服务区分为四个等类，并针对其中的高等类服务区，按经营和服务特色，划分为商业型、旅游型、休闲型、物流型、商贸型、空港型、综合型，同时对服务区的拓展功能提高了用地面积标准。

二、广告业务开发

高速公路广告是高速公路运营一种较为传统的营利方式。20世纪80年代修建广深高速公路时，运营方测算出通行费用可能无法实现企业完全收回成本，因此提出要将在公路周边投放广告的权利作为补充收益，这一做法一直延续至今。但在实际运营中，由于高速公路广告权属及相关规范的缺失、不明晰，导致了高速公路广告管理混乱，多年来，各地针对高速公路广告开展了多次专项清理整治工作。一些运作较好的企业实践，值得借鉴：

案例1：广东省高速公路广告经营。广东高速传媒有限公司现经营管理广东省内广佛、广深、京珠、广三、广惠、广珠、广清、佛开、江中、开阳、阳茂、茂湛、西部沿海、深汕、惠河、粤赣等多条国、省级高速公路的全部户外广告媒体资源。以高速公路媒体资源为主营业务，先后开发了跨线桥、龙门架、服务区、收费亭、收费站顶、行车指南、路锥、滚动灯箱等多元化媒体资源，还进一步开拓了粤运站场、客运大巴、公交巴士媒体的无线Wi-Fi、视频联播网、平面广告等业务，广告发布面积达30万平方米。

案例2：山东省高速公路广告经营。山东高速新实业集团是山东高速集团全资子公司，负责山东省内部分高速公路沿线广告资源的开发和经营。公司成立四年以来，积极致力于广告资源开发和媒体形式创新，打造了收费站大屏、收费站迎宾屏、新型跨线桥媒体、收费站侧牌等一系列高端媒体，媒体保有量突破2000处。

——收费站LED屏。受到近年来户外广告推陈出新改革政策的影响，传统广告逐步更新，数字化广告迎来发展契机。许多省份针对高速公路沿线广告展开集中整治工作，将违法建设、档次低劣、存在安全隐患的传统广告逐步更新升级为数字化广告。

——跨线桥媒体。主要位于高速公路主线上方，被誉为"彩虹广告"。该位置处于视觉的第一观赏点，每天穿行其下的车流量大，媒体关注度高。

——立柱媒体。分布在高速公路主线两侧，离高速公路30米以内区域，分为正反两面和三个外立面两种形式，面积大，部分采用最新夜光喷绘画面，能远距离目击广告内容，受关注程度高，成本低，能在最短时间内最大范围地吸引受众视觉。

——收费站迎宾屏。高速公路收费站迎宾屏，其创意来源于迎宾列阵的士兵，代表最高规格的迎宾仪式，具有视觉冲击力强、过目印象深刻、千人成本低等优势，是精准触达、高效传播、提升品牌影响力的优质媒体。

三、交通+产业融合发展

1. 公路与旅游业融合发展

近年来，交旅融合不断发展，国内高速公路投资者在参与交通基础设施项目的同时，积极参与公路辐射范围内旅游资源的投资开发，有效促进了交通和旅游两大资源的优化发展，实现"1+1>2"的效应。

案例1：赤水河谷旅游公路。贵州遵义赤水河谷旅游公路,作为我国第一条河谷旅游公路,也是第一条服务完善的快慢综合交通旅游廊道。该项目是由首尾相连的三段公路改扩建工程及沿线区域风景、文化、民俗、饮食等旅游资源综合开发共同组成的综合体,形成区域"快进慢游"的旅游格局,实现了公路交通从单一功能向复合功能的转变,是公路与旅游深度融合的典型。该项目以茅台驿站为起点,一端连着中国第一酒镇茅台镇,另一端连着世界自然遗产丹霞地貌赤水市;中间串联中国红色文化精神圣地、世界自然文化遗产旅游地、中国山水康养旅游胜地、中国国酒文化旅游区、中国民族文化传承发展区等自然风光和人文历史景点。项目包含160公里用红色沥青铺成的山地自行车道、154公里黑色沥青铺成的汽车道,全线串联6大成熟景区(赤水大瀑布、四洞沟、燕子岩、竹海、中国侏罗纪公园佛光岩)、1个综合开发土城服务区、12个驿站、26个露营地、23个观景台和休憩点,具有餐饮、住宿、旅游咨询、自行车租赁、卫生、应急、补给、管理办公、文化展示等功能。

案例2：山西省黄河、长城、太行三大板块旅游公路。近年来,山西依托得天独厚的黄河、长城、太行山三大板块旅游资源,深入挖掘"地上"资源,制定《山西省黄河、长城、太行三大板块旅游公路规划纲要(2018—2027年)》(晋政办发〔2018〕96号),高标准实施了黄河一号、长城一号、太行一号旅游公路建设,将旅游公路、旅游驿站、新农村建设和乡村旅游有机结合,全力将文化旅游业打造成战略性支柱产业。截至2020年底,长约3469公里的黄河、长城、太行三个一号旅游公路建成路段投入运营,连通A级及以上景区66个,创建"城景通、景景通"示范项目22个,旅游公路沿线许多藏在大山深处的特色村落迎来了新生机。山西省旅游公路除主体系统外,还配套建设了慢行、景观、服务和信息四大系统,如人行步道、骑行道、观景台、驿站、停车场、自驾车营地,实施旅游厕所革命等,大大提升了其综合服务功能。

案例3：重庆冷水服务区生态旅游自驾营地。冷水服务区地处渝鄂交界处石柱县冷水镇境内,是重庆市的东大门和沪渝高速公路进入重庆的第一门户窗口,距重庆主城267公里,是重庆海拔最高的高速公路服务区,也是全国首批"百佳示范服务区"和重庆"五星级服务区"之一。高海拔造就了冷水服务区成为重庆人夏季的避暑胜地,这里建成了中国西部地区首个集自驾车、房车、帐篷营地以及运动休闲等功能于一体的高速公路五星级休闲露营地。营地里有风情别致的小木屋、浪漫梦幻的星空屋、时尚的箱子屋,还有专门的露营台可以搭设帐篷,设置了专门的房车停车位,并配有充电桩。营地内设置了健身步道、垂钓、自助烧烤等设施。除了露营,游客还可到营地周边的景区游览,近可到黄水大风堡、千野草场、太阳湖、冷水雪原温泉、油草河、西沱古镇,远可到湖北恩施大峡谷等地游玩。为方便驾乘人员前往,冷水服务区还设有两处 ETC 车道上下道口,连接地方道路,车辆可直接在服务区上下道,前往周边景区。

案例 4:沂源服务区 AAA 级景区。青兰高速公路沂源服务区依山而建,南区坐拥一万平方米原生山林,环境优美,所在地沂源历史悠久,是山东古人类发源地,牛郎织女的爱情传说与沂源实地实景相对应,被誉为"牛郎织女之乡"。齐鲁交通集团将沂源服务区打造为"国家 AAA 级景区",服务区景色优美,主楼后方设置了全长 800 多米的休闲漫步林荫道,寄寓"爱情长廊","爱情长廊"深处设有生态采摘园,集樱桃、苹果、葡萄、核桃、板栗、仙桃、山杏等采摘于一体,服务区东端建有荷塘叠瀑布,瀑布两侧牛郎织女雕像隔水相望。服务区建设了综合休闲区,设有旅客休憩区、观景台、儿童游乐区、精品茶舍、irest 休闲体验区、接待室、时尚快餐厅、高档餐厅、进口便利店,地方特产销售区、旅游咨询服务台。沂源服务区被打造成为非遗文化展演基地、山东省书画艺术协会大学生写生基地。自青兰高速公路沂源服务区成功创建国家 3A 级景区以后,慕名前来参观旅游的游客成倍增长,越来越多的游客在沂源旅游服务区停车游览,欣赏景区美景,购买沂源特产,乐享景区服务。

2. 公路与物流融合发展

高速公路上不仅存在人流与物流的流动,更有商业流、信息流、金融流。因此,高速公路对于现代物流业的发展发挥着无可替代的推动作用。

案例 1:福建高速公路物流园。2014 年,福建省交通运输厅印发了《福建省高速公路与普通国省干线公路共用服务区工作方案(试行)》(闽交建〔2014〕55 号),提出在特殊区位的服务区,进一步拓展服务功能,延伸服务链,试点开展服务区客货接驳、仓储物流中转等业务。福建高速物流有限公司依托福银高速的优势条件,在福银高速公路福州西出入口南侧投资建设高速物流园,系福建省最大的物流园基地,规划用地360亩,一期占地200亩,被交通运输部列为福建省"十二五"公路场站枢纽中心之一、被省经贸委列入"八个一"批物流园重点资金扶持项目,并得到了中央投资重点产业振兴和技术改造专项资金的扶持。高速物流园区已成为海西物流体系西南部的重要节点和集散分拨中心。园区设有四大中心:仓储配送中心、集散分拨中心、信息交易中心及电子商务中心,业务涵盖仓储配送、零担快运、集散分拨、信息平台、金融服务五大板块,具有仓储、运输、加工、分拨、展示、金融、商务、管理八大核心功能,拥有完善的物流公共信息系统平台及可停放600多辆各类大型货车的停车场等相关配套。

案例2:浙江上三高速公路物流配送。2005年6月6日,在上(上虞)三(三门)高速公路浙江台州境内的天台服务区内诞生了我国首家高速公路服务区物流网点。浙江台州天啸物流有限公司根据市场需求,与上三高速天台服务区合作,充分运用高速公路资源优势,推出物流服务项目,为过境车辆提供卸、配货服务,为台州境内提供优质配送服务,即过境货运车辆途经某一货运站点,无须下高速公路,只需在货运站点临近的服务区将货物卸下,由该网点将货物运送至最终目的地即可。实现了优势互补,尤其是对减少交通资源的浪费、物流网点的设置、物流网络完善及运输效率的提高具有重大的意义。

案例3:山东高速公路物流体系。2016年,山东省人民政府办公厅发布了《山东省人民政府办公厅关于进一步提升我省高速公路服务区服务水平的意见》(鲁政办发〔2016〕34号),提出拓展服务区功能设置,因地制宜拓展物流、地方特产交易等服务功能。2018年,齐鲁交通发展集团与京东物流集团签署战略合作框架协议,合作打造智慧创新的高速公路物流体系。双方发挥京东物流的资源优势,依托点多面广、辐射范围广的高速公路服务区,打造服务区综合型物流模式,建设以大区域仓配运为特色,以分拣、仓储、冷链、运输为核心,以第三方物流为支撑的多功能综合型服务区物流基地;并结合京东便利店,打造服务区"前店后仓"物流新模式。山东高速物流集团有限公司建设高速公路物流骨干网,以高速公路为干线运输网络,以收费站为分布式前置仓,以服务区为集货及甩挂场站,致力于打造一张面向社会开放的、公共的、基础性的智能仓干服务网络。项目计划在省内高速公路收费站和服务区布局161处分拨站,建成后,将形成省内县区级城市全面覆盖的分布式仓储网络。

> **案例4**：物流仓储开发。杭州交联物流有限公司前进物流中心项目，由杭州市交通投资集团有限公司下属的杭州交通物流有限公司负责投资建设，项目位于大江东产业集聚区钱江通道南接线六工段互通区，占地160亩，比邻S9苏绍高速公路，交通区位优势明显。该物流中心项目用地原先在规划中只是一片绿化用地，2014年，六工段互通区这块绿化用地通过审批正式调整为物流仓储用地，也是杭州第一家成功协议出让的低效用地再开发地块项目。通过低效用地再开发，新增智能电子商务物流用地160亩，总建筑面积达到16.56万平方米，已列为交通运输部重点推荐的区域网络化物流基地项目。该项目提出全方位立体交通体系，即"双首层"概念，设计小型货车通过高架桥到二层，在造价增加不多的情况下提高使用便利性和二层利用率，在有限的用地范围内创造更多的价值。

> **案例5**：物流信息化。湖北交投物流集团围绕生态型智慧物流投资运营商目标，聚焦物流投资运营和供应链一体化两大主业，大力发展智慧物流信息化业务，逐步谋划、建设"大宗云商""交投智联"、多式联运物流园区运营平台、物资保障供应链四个平台，为客户提供储运一体的物流监控、供应链优化、供应链金融、大数据等服务，提升企业整体效能和数字化运营能力。

3. 公路与能源融合发展

能源销售是高速公路服务区的重要服务内容，高速公路因其封闭性，能源经营具有较大的排他性，利润空间较大。依托高速公路可以开展的能源业务，包括加油站、加气站、充电站（桩）、加氢站等配套设施以及光伏发电等，国内已经有不少高速公路企业进行了实践探索，自营、合营、租赁方式均有采用。

> **案例1**：加油站业务。截至2020年底，广东通驿高速公路服务区有限公司加油站规模达到207座，其中，自主经营的粤运能源加油站达50座。公司和四大油企（中石油、中石化、中海油、中化）签订战略协议，采用招标方式从四大油企批量采购油源，发行自己的加油卡，油站便利店由公司旗下乐驿便利店统一经营。

案例2：加气站业务。陕西省燃气集团交通能源发展有限公司聚焦陕西省高速公路服务区开展加气站规划建设，已初步形成了由南向北纵贯包茂高速公路、由东向西横穿连霍高速公路的加气服务网络。浙江省交通投资集团实业发展有限公司2016年成立了浙江交投新能源公司专门负责推进旗下高速公路服务区LNG加气站投资建设工作。2016年底浙江交投新能源公司在沪杭高速公路长安服务区、甬金高速公路东阳服务区、甬台温高速公路台州服务区、杭甬高速公路绍兴服务区建成8座LNG加气站，到2020年7月，浙江省已有13座高速公路LNG加气站投入运营。

案例3：充电桩业务。从2015年开始，安徽省高速公路经营企业与国家电网合作，率先在新桥、肥东、龙门寺、香铺、九华山等21对服务区建设充电桩。2017年，安徽省发展和改革委员会等部门制定出台了《安徽省电动汽车充电基础设施建设规划（2017—2020年）》（皖发改能源〔2017〕577号），统一电动汽车充电设施标准，完善充电基础设施服务体系，积极协调省电力公司加大资金投入，加快推进全省高速公路服务区充电基础设施建设。截至2018年1月，全省已累计建成高速公路服务区充电站197座，实现了高速公路服务区充电桩全覆盖。

案例4：高速公路空地资源光伏发电。湖北省交通投资集团有限公司下属企业湖北交投新致公司2017年投资建设湖北高速公路光伏发电项目，该项目覆盖了从黄冈市黄梅县到恩施州利川市的33个县（市、区），在湖北交投所属高速公路沿线50个收费所、32对服务区屋顶和19条隧道出入口中央分隔带共建设101个分布式光伏发电站。项目总装机容量为11.714MW，预计年均发电量1000万度，年电费收入约1000万元。电站采用"自发自用为主、余电上网"原则，就近接入服务区、收费所、隧道供电系统。与燃煤电厂相比，该项目每年可节约标煤3600余吨，相当于每年减少排放二氧化硫约65吨、氮氧化物约37吨、二氧化碳约8000吨。

案例5：加氢站业务。燃料电池是高效清洁利用氢能的最佳工具，相关技术已取得重大突破，并开始在多个领域尝试进入商业化运营阶段，车用能源领域即其中之一。2018年中国氢能源及燃料电池产业创新战略联盟正式成立，武汉市氢能产业发展规划建议方案出炉,对未来氢能产业发展方向列出时间表、路线图,2016年联合国开发计划署在中国的首个"氢经济示范城市"项目在江苏如皋正式启动。截至2020年底,中国累计建成118座加氢站,其中已投入运营101座。

四、智慧公路开发

智慧公路是高速公路未来发展方向,是在先进思想理念指导下的各种高科技技术综合应用的供各类交通工具和人按需通行的高科技公路,代表着未来高速公路运营管理和通行服务发展趋势与方向。在服务区内则可打造智慧服务区,建立信息查询系统、商品在线支付、卫生间智能导视系统、自助咖啡厅、停车位和充电设施引导预约等融入现代高科技的智能化产品,优化用户使用体验,提升服务区整体服务品质。此外,还可以研发智慧高速专用的App和微信公众服务平台,通过新媒体实时发布道路流量信息,对拥堵和排队等候时长等进行精准预测并实时发布,发布服务区特色、停车位空余、油品(充电)服务、客房预订、汽修预定信息,周边旅游与名优土特产信息,通行费和法律法规查询等各种信息。国内外智慧公路开发典型案例如下:

1. 国外智慧公路建设情况

早在20世纪90年代,美国就已经开始了智慧公路方面的相关研究,并修建了一段"驶万达公路"用于试验。在之后的20多年内,美国智慧公路的研发发展迅速,并首次定义了智慧公路的概念,包括自动驾驶、合作协同、基础设施支持和管理控制这四个阶段概念。

最近几年,美国威斯康星州和科罗拉多州正在筹建智能道路。例如,美国威斯康星州投入近5亿美元对94号洲际高速公路进行长度约为30公里的改造,从六车道扩宽至八车道的同时有一车道能支持富士康无人自动驾驶项目。在改造之后,该车道将部署"联网和自动驾驶车辆"相关设备,包括监控摄像头、动态信息信号、光纤通信系统以及微波传感器等能够实时报告紧急状况和车流情况等,计划于2021年完工并可根据技术发展更新升级。这条智能公路对富士康有着非同寻常的意义,该道路的开建不仅让富士康可以在晚11点至早6点使用无人驾驶卡车装载产品往返于其液晶面板生产工厂和米切尔国际机场之间,在节省可观数量的卡车司机、提高运输安全性和效率的同时,还能为其雄心勃勃的无人驾驶业务早早预定下了一条商业规模化运营的实际路线。

2014年,瑞典启动了eRoad Arlanda项目,并于2018年开通了全球第一条全长2km

的电动汽车"充电公路"。这条公路从瑞典首都瑞典斯德哥尔摩通向阿兰达机场,由许多节 50 米的独立路段构成,只给在该节路段上行驶的车辆充电,汽车一旦停止行驶就会切断电源。

据外媒报道,日前,ElectReon 公司在瑞典完成了一项测试,为一辆净重 40 吨的长挂电动卡车进行了动态无线充电测试。测试项目为在一条具有无线充电功能的公路上行驶,并实现边走边充电。该测试验证了道路基础设施可以在现实生活中成功运行,而且该系统不受雨雪的影响。

2. 国内智慧公路建设情况

国内最早的智能公路是重庆高速公路,主要利用了磁诱导技术。通俗地说,就是在道路上纵向按照一定距离铺设磁道钉,通过在车辆上安装的磁传感器,可以实时获知车辆相对于磁道钉的相对位置,进而得到车辆与道路的相对位置,并通过显示设备提醒驾驶员车辆偏离状态。

2017 年 9 月,江西的宁都至定南高速公路智慧高速项目投入试运行,这条智慧高速的特点可以被总结为"智行"和"智感"。"智行"即在车辆行驶的过程中加入更多智慧、互联的元素,如服务区覆盖免费 Wi-Fi,建立平台运营软件,让驾驶员可以通过自助服务终端查询路况。同时结合北斗卫星的定位技术,整合手机定位报警、路况预判、分流预案等。"智感"则是在道路中加入更多传感器,通过对数据的监测来方便出行、保障安全。

2018 年 2 月,交通运输部办公厅发布《关于加快推进新一代国家交通控制网和智慧公路试点的通知》(交办规划函〔2018〕265 号),决定在北京、河北、吉林、江苏、浙江、福建、江西、河南、广东 9 省(市)推进新一代国家交通控制网和智慧公路试点。将基础设施数字化、路运一体化车路协同、北斗高精度定位综合应用、基于大数据的路网综合管理、"互联网+"路网综合服务、新一代国家交通控制网 6 个方向作为重点。

广东。2020 年 7 月,广东省在全省高速公路推进 5G 网络覆盖和应用示范项目,分为四类:第一类为智慧公路试点建设依托项目,含南沙大桥、乐广高速南段和深圳外环高速,约 117 公里,要求 2020 年年底前实现智慧公路 5G 网络全线无缝覆盖。第二类为运营高速公路项目,要求 2020 年年底前实现全省运营高速公路 406 个主要服务区覆盖 5G 网络,新建或改造基站约 800 座。同时要求 2021 年年底前实现全省运营高速公路 5000 公里以上干线以及重点桥梁、隧道等重要节点的 5G 网络全覆盖,基站按照 3 公里间距布设。第三类为预计 2020 年通车的高速公路项目。要求实现 5G 网络全线覆盖,基站按照 3 公里间距布设,并在技术评估可行的前提下预留龙门架作为微基站加密点。第四类为

2020年后通车的高速公路项目,含在建和拟建项目。要求"工可"和设计文件预留5G网络覆盖相关配套条件和要求,并按照3公里间距预设基站位置。

北京。2019年7月1日,北京大兴新机场高速、大兴机场北线高速正式通车运营,新机场高速公路成为国内首条具备"防冰融雪"功能的高速公路,并通过智慧高速新收费系统、仿真推演与电子沙盘打造智慧管理体系等手段打造成京津冀首条"6+1"智慧高速公路。2019年12月25日,全长约33.2公里的京礼高速公路(延崇北京段)完成交工验收,这意味着京礼高速公路北京段已正式建成,可支持车路协同自动驾驶,是北京首条高科技、智慧型高速公路。

吉林。2020年7月,《吉林省高速公路智能化示范工程初步设计》通过专家组审查。该示范工程依托珲乌高速公路和吉舒联络线,致力于打造"一条智慧路、一条节能路、一张健康监测网和一个一体化平台",重点开展基础设施数字化、寒冷地区路运一体化车路协同、北斗高精度定位应用、基于大数据的路网综合管理和"互联网+"路网综合管理五大建设任务。

江苏。江苏省交通运输厅按照交通强国建设中打造先行区的定位,积极争取在国家新基建中发挥"排头兵"作用,加大与移动、电信、联通、铁塔的合作,布局了342省道无锡段、524国道常熟段、五峰山高速、沪宁高速等一批智慧公路试点工程。2021年1月5日,江苏省交通运输厅发布了《江苏省普通国省道智慧公路建设技术指南》(苏交技〔2020〕19号),这也是全国首个普通国省道智慧公路建设技术指南。2018年11月6日,世界首条"三合一"无线充电智慧公路亮相苏州同里,在国际上首创光伏发电、动态无线充电、无人驾驶三种先进技术的融合应用,实现了电力流、交通流、信息流的智慧交融。通过路面光伏电能无线发射和车内无线接收能量,车辆可以边充边跑、无线续航,同时具有智能避障、自动泊车、App叫车、路面融雪化冰等功能,并设有LED智能引导标识、电子斑马线、多功能路灯等智慧交通设备。

2019年6月19日,智慧公路建设在沪宁高速公路取得新突破。宁沪公司联合江苏中路工程技术研究院、东南大学等单位,依托省交通运输重点科研项目《沪宁高速公路超大流量路段通行保障关键技术研究与工程示范》,将研发的应急车道主动管控、连续式港湾车道和匝道管控等新技术,在无锡硕放-东桥路段进行了成功的应用。特别是2019年"五一"小长假期间,与2018年相比,交通通行量提升34.5%,拥堵次数降低65%,平均拥堵距离缩短33.3%,交通事故数降低77.3%,取得显著的成效。

2020年5月,G524常熟段智慧公路科技示范工程进入验收准备阶段。G524常熟段是江苏省交通运输厅重点依托开展智慧公路试点工作的两条国省干线之一,课题组旨在通过探索先进信息化技术,推动公路服务管理向"基础设施数字化、基础设施智能化和决策服务敏捷化"发展。

浙江。2020年4月17日,中共浙江省委浙江省人民政府关于深入贯彻《交通强国建设纲要》建设高水平交通强省的实施意见正式公布,意见称,到2025年,浙江要在智慧高速公路等方面取得可复制推广经验,到2035年,建成引领全球的智慧高速公路体系。2019年4月,杭绍甬智慧高速一工程——跨曹娥江大桥绍兴滨海侧栈桥先行工程此前获批,工程系杭绍甬智慧高速关键性节点工程,此次获批标志着杭绍甬智慧高速先行工程全面启动。杭绍甬智慧高速将力争于杭州2022年亚运会前建成试运行,设计速度预计将突破120公里/小时,将支持自动驾驶、边通车边无线充电等"未来科技"。2020年6月28日,杭绍台高速公路先行段通车仪式在浙江绍兴举行。杭绍台高速公路是浙江首条智慧高速公路,此次先行段通车打破了浙江中部地区发展的交通瓶颈,有助于完善长三角一体化交通网络。

河南。2020年7月2日,作为河南省新一代国家控制网和智慧公路试点工程项目3个试点市之一,济源境内的智慧公路试点项目正式开工。此试点项目主要是把济源境内国道208和国道327共120.8公里路段作为"应急示范路"。项目实施中,将综合运用三维可测实景、北斗高精度定位、智能视频识别等新技术,建设完善包括桥梁、隧道、边坡等基础设施和交通运行的基础设施数字化和路网动态监测体系。2020年12月26日,河南省新一代国家控制网和智慧公路试点工程济源干线公路路网运行应急指挥中心试运行。

除上述纳入国家交通控制网和智慧公路试点的省份外,湖南省也在积极推进智慧高速公路试点,2020年8月31日,长益高速公路扩容工程(G5517长常北线高速长益段)正式通车,该项目是按照交通运输部"绿色公路"标准打造的生态、环保、绿色、低碳之路;长益扩容长沙段约30公里路段是湖南唯一的在建高速项目试点路段,已在高速公路两侧,每150米已连续布设5G基站和摄像头等配套设施,可满足无人驾驶路况要求,将拉动全省自动驾驶和智能交通配套产业发展。另外,在长常北线高速互通、服务区段以及隧道段每100米也布设了相应的数据采集摄像机等路测设备。后期,这些设备将及时收集路上的数据信息,为驾驶员提供及时的交通流量、交通事故、交通管制、道路施工、交通气象等信息,使出行者从出发前、途中,直至目的地整个过程中能随时获知智能监测段的有关信息,确保驾驶员以最高效率和最佳方式通过智慧监测路段。

3. 智慧服务区

山东高速泰安服务区。山东高速泰安服务区是山东高速打造的全国首家智慧型、体验式服务区。建设了较为全面的智慧管理、智慧运营和智慧服务系统,给顾客以快捷高效的信息化服务,如:高速 e 站(具备线路规划、可视路况、在线预约、高速直播四大功能,通过手机 App,能实现预约消费、网上开房/退房等服务),智能终端(包括智能查询机、彩票机、饮料机、交通违章查询机、云柜等多种自助设备),以及多元支付。另外,服务区还布置了两个大型集装箱式无人售货便利店,下载高速 App 就能在网上消费,在冰雪天气发生大堵塞紧急情况时,还能被快速运至需要的路段进行应急补给。

西湖智慧服务区。西湖服务区改建项目工程,主体建筑采用杭州市市花——桂花的造型设计,计划将建于 2004 年的西湖服务区,改建为一座商业综合体化的智慧服务区。改建后的西湖服务区将成为集住宿、休闲、娱乐、餐饮为一体的智慧服务区,除服务区的基本功能外,还将拥有 24 小时智能无人胶囊酒店、无人智能便利超市、全 5G 网络覆盖服务区、社交网红打卡点及景观小品等先进设施设备,彻底打破公众对传统服务区仅用来短暂停留的认知。西湖服务区内还将建一座观光亚运塔,未来,这里将成为一个新的旅游景点。负责西湖服务区改造工作的公司为新创建集团,其目标是把西湖服务区改建项目打造成为打开服务区新商业"蓝海"的标杆,成为杭州一个新的网红打卡点。

五、ETC 数据开发

高速公路不停车收费系统(ETC)是智能交通领域中的一个重要子系统,系统积累的大量收费交易数据,包含交通流和高速公路用户的多种特征信息。收费交易数据全天候记录了车辆进出高速公路收费站的 OD 信息,这些信息获取简便、内容完整、时效性强、格式统一、准确度高,并基本实现了完整的集中式存储。在收费交易信息中,存储了车辆进出高速公路特定路段的准确时间,包含了大量的交通流信息,具备为包括高速公路在内的路网运行状态与监测提供数据及信息服务的功能。高速公路 ETC 蕴含着丰富的数据资源,具有很强的开发价值,高速公路经营企业可抢先抓住这一商机,深入研究高速公路 ETC 包含哪些数据资源、有哪些应用领域、具有何种开发价值,结合自身实际情况,实施 ETC 数据资源开发。高速公路行业主管部门也应充分认识到 ETC 数据开发的重要性,积极营造促进 ETC 数据开发应用的政策环境。

2015 年 9 月 28 日,高速公路电子不停车收费系统(ETC)已实现全国联网。根据交通运输部路网中心发布数据,截至 2019 年 12 月底,全国 29 个联网省份(西藏、海南除外)已建成 ETC 专用车道 27546 条,ETC 主线收费站覆盖率达 99.32%,匝道收费站覆盖率达 98.45%;全国 ETC 用户累计达到 2.04 亿;全国高速公路网客车交易量 90.43 亿笔,其中 ETC 交易量 48.21 亿笔,占客车交易量比例 53.3%。可见,ETC 系统拥有庞大

的数据资源。当前,国内依托 ETC 数据实施综合开发的典型案例如下:

> **案例 1:**广东省研究利用 ETC 数据为高速公路的投资方做用户行为分析——重点是打击偷、逃、漏费问题。一般情况下,会在系统中为车辆从高速公路的 A 入口到 B 出口设定正常行驶时间,如果一辆车五六个小时还没有出来,系统就要把这种反常数据提取出来,分析是什么原因导致的,是否存在逃费现象。利用车牌的对比也可以识别偷费现象,假设一辆车从入口进来时车牌是 A,但到了出口的时候车牌变成了 B,那很可能是司机中间偷换了 ETC 卡,"跑长买短",这些比较常见的逃费行为都可以通过 ETC 数据分析识别出来。

> **案例 2:**湖北省高速公路系统利用"大数据"分析,通过对 ETC 车辆行驶时间、通行频率等数据进行筛查,对可能利用 ETC 逃费的车辆进行持续追踪,对已经掌握逃费证据的车辆,采取相应的措施进行处罚。针对目前出现的 ETC 逃费车辆案例,湖北省高速公路联网收费中心、各大商业银行多方联动。省高速公路联网收费中心用软件控制,禁止有逃费行为的车辆通行 ETC 专道;各大商业银行在 ETC 办理的过程中进行源头控制,加强对车辆信息的核实、比对,进一步降低利用 ETC 专道逃费行为的发生。

> **案例 3:**截至 2017 年 10 月,货车帮 ETC 累计发卡突破 120 万张,ETC 白条累计贷款达 20 亿。ETC 是货车帮最早商业化的一个产品,现在还有油卡充值、白条等多项金融产品,货车帮在行业里首创并走通了"车货匹配+车后服务"模式。

在货车 ETC 场景中,货车帮通过大数据分析发现,货车司机一年的运输费用结算中,25% 左右是高速通行费用。由于运输过程先发生,运费结算相对滞后,货车司机在运输过程中拥有庞大的资金需求,为此,货车帮创新地在 ETC 充值发卡服务基础上推出了 ETC 白条产品。货车帮联合高速和银行,利用全国 1000 家网店和 2000 名地勤为 ETC 及白条业务服务。货车帮研发了 ETC 空中充值技术、手持一体移动发卡设备、ETC 用户防伪、ETC 钱包系统等创新技术和服务,解决了司机群体的实际需要。此外,通过积累物流链条各个参与方的行为数据,结合后台强大的数据分析引擎,解决了授信、金融风控等技术难点。

除了 ETC 业务外,大数据技术也充分运用到了加油、新车、保险等车后市场,涵盖物流链条上的众多场景。在大数据技术的帮助下,货车帮结合对车龄、路线、ETC消费、新车二手车浏览深度等数据的提炼,描绘出用户画像,提炼出新车意向度、贷款需求度、品牌偏好、地域、用户年龄收入等重要的购车线索,精准发掘购车用户。在2017年8月新车活动运营期间,货车帮在短短15天就斩获589辆卡车新车订单,成交额超过2亿元。

货车帮车后油品服务也实现了基于大数据的油品运营,支持油站选址智能推荐、加油站智能推荐、成本最优加油路线规划、热点加油站错峰加油机制设定等创新服务。截至2017年10月,货车帮累计为120万司机提供覆盖全国26个省的近千个加油服务点,每年可为司机节省油费5万元。

六、沿线土地资源开发

对广州市东南西环高速公路关键节点——东圃立交进行多功能综合社区开发,是广州交通投资集团有限公司(以下简称"广州交投集团")在交通基础设施建设资金日益紧张和土地资源越趋稀缺的背景下,改变交通基础设施投资建设的传统模式,提出"高速公路+沿线土地资源开发"的全新理念,所做的一次大胆的创新实践。

2007年,广州东南西环高速公路取消收费纳入年票制项目;2009年东南西环由高速公路变更为城市快速路。因之前集中收费设置的大量匝道仍然存在,给车辆通行造成极大不便,也造成了城市土地资源的浪费。为此,广州市政府及有关部门启动了立交改造有关工作。为高效利用这些匝道及其周边地块,改善交通状况,同时提升土地价值,产生开发收益,2013年,广州交投集团研究通过优化立交形式、完善立交功能,实现立交从高速公路集中收费站形式向市政立交转变。为了大力实施"高速公路+沿线土地资源开发"战略,加快推动存量土地资源的盘活开发及房地产业务的开展,2014年3月,广州交投集团出资成立了全资子公司广州交投置业有限公司。东圃立交地块兰亭盛荟项目实施主要做法包括:

1. 优化设计,释放可开发土地空间

东圃立交兰亭盛荟项目,通过优化交通规划和城市设计,共释放13万平方米城市用地面积;通过集立交改造、上盖绿化、住宅开发"三位一体"的综合开发,打造全国首例、全球最大面积的6.5万平方米高快速路全封闭上盖绿地空中花园,为广州金融城板块打造了一片高品质生活社区。在广州市政府的大力支持下,东圃立交地块开发以广州市实施功能片区土地利用总体规划调整为契机,规划用途由交通设施用地调整为城乡建设用地,为地块开发提供了基本条件。

2. 紧锣密鼓开展前期工作，顺利完成土地收储

广州交投集团在完成土地利用总体规划调整和控规修改期间，紧锣密鼓推进地块交政府收储工作。2014年5月9日，广州交投集团与市土地开发中心签订地块《收回国有土地使用权补偿协议》，收储方式按照"三旧"改造中"公开出让、收益支持"的方式，在土地成功出让并收取土地出让金后，按照出让成交价款的60%返还补偿款给企业，由企业负责职工安置分流、偿还企业债务等工作。通过与市政府各相关部门的协同努力，广州交投集团3个月内完成地块收储前期项目建议书、地质灾害危险性评估、土壤污染调查和文物考古等专项报告审批工作；相继完成了房产证、权属证明书和国有土地使用证注销和变更登记、用地结案等工作，至8月底地块收储工作基本完成。

3. 摘牌土地，实施一、二级联动开发

2014年11月，东圃立交地块以44.57亿元成功挂牌出让。广州交通投资集团有限公司顺利摘牌土地，期望通过开展房地产二级开发业务推动广州交投集团战略转型，并获取二级开发收益最大限度保障化解企业债务。

4. 引入战略合作伙伴，保障项目顺利推进

东圃地块开发是广州交投集团进军房地产市场的首次尝试，为确保项目运营成功，广州交投集团积极转变思路，经过多轮磋商洽谈引入战略合作伙伴。通过与某地产集团成立的合作公司参与地块公开出让取得地块开发权，从而进行二级开发，实现化解广州交投集团债务负担的目标。由于缴纳项目地块土地出让金和市政化改造等需几十亿元，合作双方根据筹集开发资金情况，按约定收益权比例分配地块二级开发收益。

项目的成功实施，通过土地二次开发收益有效反哺了公路建设发展，较好实现国有资产的保值增值，为我国高速公路路衍经济的开发提供了可资借鉴的经验，成为集约节约用地典范。项目形成的大型交通工程关键节点多功能综合社区开发新模式，已在广州市三滘立交、广氮服务区等新项目中推广应用。

七、沿线其他资源开发

1. 管线资源——通信设施租赁

公路信息的传输主要依靠沿路铺设的通信管路，管路通常埋设在高速公路中央分隔带下深1米处，在全线管路里布设电缆或光缆（目前基本多为光缆）。目前主要通信公司均借用了高速公路通信管线铺设光缆。部分地方为规范高速公路通信管道出租收费

行为，还颁布了区域范围内的高速公路通信管道出租收费标准。很多地方的高速公路项目都通过租赁方式将通信设施进行出租。

川高系统部分高速公路通信管道对外公开租赁项目。2021年1月4日，四川高速公路建设开发集团有限公司将所属的部分高速公路公司通信管道对外公开租赁，租赁期限10年，建设期满后即开始计算租赁期限，建设期最长24个月。发包方给予租赁方在建设期自行办理各种施工许可，并完成拟穿光缆的铺设和所需用房的房屋租赁及装修等，若超过24个月未能完成，满24个月后即计算起租时间。租赁标的详细情况见表7-1。

川高系统部分高速公路通信管道对外公开租赁项目　　表7-1

序号	高速公路名称	拟租赁通信管道路段	管道长度(千米)	管孔数量
1	巴陕高速	南江—汉中(川陕界)	117.5	1
2	巴南高速	巴中—南部	116	1
3	成德南高速	成都—南部	178.34	1
4	广巴高速	广巴—巴南高速连接段	5	1
5	成南高速	成都—清泉	15	1
总计	—	—	431.84	—

根据公布的本项目评标结果，成都翼盈迅通讯有限公司以5100元/(孔·千米·年)的投标报价位列第一中标候选人。

2. 空间场地资源——停车场开发

目前，一些地区结合高速公路沿线实际停车需求，积极探索充分利用高速公路出入口空地资源、高速公路高架桥下闲置空间，开发建设停车场。高速公路经营企业应借鉴这一实践经验，全面深入了解本企业所管理高速公路沿线停车需求，特别是邻近城市、商业区、医院、旅游景区、物流集散地的高速公路沿线区域，充分利用闲置土地资源开发建设停车场，一方面充分利用闲置资源满足沿线停车需求，另一方面通过收取停车费，实现经营开发收入。

1)高速公路出入口停车场

案例1：兰州市利用高速公路出入口建设货车停车场，缓解过境大车对兰州市市区交通的压力。目前已建成高速公路出入口停车场如下：高速公路和平出入口停车场，占地170亩，可容纳至少400辆大型车辆停泊；高速公路雁儿湾出入口停车场，占地93亩，可容纳至少200辆大型车辆停泊。

> **案例2**：由于山东高速公路从下午7点到第二天早上6点禁止危险物品运输车辆通行，导致在一些高速路口经常会出现危化品运输车辆聚集的现象，存在安全隐患。为此，山东省公安厅有关人员表示下一步每一个县市区都要在高速公路的入口附近建专用的停车场，实行专业化管理。

2）高速公路高架桥下停车场

> **案例3**：当前，已有企业充分利用高速公路高架桥下空间，开发经营停车场。部分省市为规范高速公路桥梁桥下空间的合理利用，保障桥梁结构完好和运行安全，进一步提升路域环境水平，还出台了相关政策文件。2017年6月，浙江省交通运输厅印发了《高速公路桥下空间合理利用管理试行办法》(浙交〔2017〕93号)，指出：高速公路桥下空间可用于建设小型汽车停车场；要求用于停车场的，应平整、防滑，并满足排水强度要求；场内示明通道、车辆走向路线、停车车位等交通标志、标线；桥柱周边应设置防撞、防碰、防擦设施，出入口应设置限高防撞设施和标志；禁止停放化学危险品车辆和其他装载易燃易爆物品的车辆。

2016年8月，嘉定首个高架桥下公共停车场正式启用，该公共停车场位于京沪高速(上海段)真新街道辖区桥下空间，由桥洞改建而成，面积16884平方米，已划分为484个停车位，目前已24小时向社会开放，按相关标准收取停车费。该停车场严格按照行业标准建设，确保停车场内通道、车位、标牌和标线规范化以及充电桩、消火栓、灭火器、防撞杆及电脑监控等设施设备配套齐全；停车场采用智能识别系统，在出入口能自动识别车牌进行计时收费。

3. 林牧业资源——绿色种植(或养殖)业务

高速公路可以在有条件的公路沿线两侧种植适宜当地气候条件的经济效益高的树木、中草药材等，在达到绿化效果的同时提升经济效益；还可以充分利用公路高架桥下方的土地或水域，土地资源可建设花卉草木生产培育基地、特色养殖，水域资源可开展渔业养殖等，实现绿化、美化与经济效益相结合。

> **案例1**：贵州省六盘水市在沪昆高速公路、六镇高速公路、水盘高速公路沿线可视范围内大力实施以猕猴桃、刺梨、核桃为主的经济林种植。2015年，经过近一年的努力，

市、县、乡及实施主体投入资金 15000 万元,完成经济林种植 12.55 万余亩,其中沪昆高速公路盘县段沿线 67 公里可视山体种植 7.4 万亩(刺梨 4 万亩、核桃 3.1 万亩,其他经济林 0.3 万亩);水盘高速公路盘县段沿线 44.2 公里可视山体种植 4.2 万亩(刺梨 2.6 万亩、核桃 1 万亩,其他经济林 0.6 万亩),水城段沿线 45.7 公里可视山体种植刺梨、核桃、杨梅、车厘子 0.17 万亩;六盘水至镇宁高速公路六枝段 57 公里沿线可视山体种植刺梨、核桃、枇杷、桃、梨、李、红豆杉 0.456 万亩,水城段 28.4 公里沿线可视山体种植核桃、桃、梨、红豆杉 0.32 万亩。经 3~5 年精心管理,这些精心打造的绿色经济走廊,将建成六盘水的特色经济产业带、沿线农户的致富线,展示凉都对外形象的旅游观光景观带。

案例 2:湖北交通投资公司依托鄂西运营公司与长江路桥公司签订的闲置土地开发协议,加大力度建设冷水鱼塘、富硒山地鸡、特色果园基地。

案例 3:山东省在京沪高速公路部分路段两侧 200 米范围内栽植杨树,推广林地蔬菜、林地食用菌、林地耐阴花卉等,利用路边的取土塘发展水产养殖,打造高速公路沿线农业经济带。

CHAPTER EIGHT 第八章

路衍经济综合开发模式与实施路径

针对高速公路点多(服务区、收费站、互通区、客运站)、线长(路线设施)、面广(服务与影响)的特点,结合高速公路路衍经济业务发展现状及未来发展趋势,本书根据实施地点[高速公路及沿线设施,服务区(或驿站)、收费站、互通区等,后市场业务开发]不同,将高速公路路衍经济业务划分如下,详见表8-1。

高速公路路衍经济业务框架二维分类表　　　　　表8-1

开发方向	高速公路及沿线设施	服务区、收费站、互通区等	后市场业务开发
赋能经济 (促进传统产业转型发展)	广告业务	综合商体 广告业务	
融合经济 (实现高速公路与相关产业融合发展)	公路与旅游业融合 公路与能源业务融合	公路与旅游业融合 公路与物流业融合 公路与能源业务融合	智慧物流
新兴经济 (信息技术、数字经济催生高速公路行业产生新动能)	智慧公路等	智慧服务区等	ETC数据开发
资源经济 (全面提高资源利用效率)	通信设施租赁 绿色种植(或养殖)	公路交通改造和城市空间复合利用、绿色种植(或养殖)、停车场等	

第一节　赋能经济

一、综合商体开发

公路服务区从简单的公路辅助设施功能区,转变为以司乘体验为导向的交通商业综合体。公路服务区商业综合体开发内容:一是提供基本的停车、卫生间、加油加气充电、加水、便利店、餐饮、汽修、休息住宿等服务;二是提供升级服务,如探索特色产品经营、特色旅游、休闲购物、会议、酒店、娱乐、医疗救护、信息服务等特色增值功能。此外,在高速公路停车区、出入口节点区域、普通国省干线公路驿站也可根据优势资源,以商业、服务业、旅游业为切入点进行商业综合体模式运作。开发建议为:

1. 开发模式

国内外高速公路综合商体开发运作管理模式主要有两种,一种是分散化模式,另一种是集中统一模式。分散化管理模式是传统的管理模式,各服务区之间各自为政,实行分散化管理。这种模式操作简便,资金投入少,但监管困难、效益不好。实践证明,集中统一管理模式成立统一的服务区开发经营管理公司,是更适合于综合商体开发的模式,即组建专门的路衍经济开发企业,负责综合商体的总体规划、商业策划和经营管理。

针对服务区的不同业务采用自营和联营相结合的模式,实施"1+N+X"商业开发模式,即"1家运营商"是指服务区开发经营管理公司整体负责开发运营,"N家主力店"是指服务区经营网络中包含若干家主打品牌,"X家特色店"是指服务区经营网络中包含若干家特色品牌或特色经营项目。

综合商体运营初期,可对超市、餐饮、宾馆、汽修等经营板块进行招商,择优选择国际、国内知名品牌运营商进行经营;在积累了一定的经营、管理经验后,可采取自主经营的模式,创立各业务板块的自主经营品牌,部分服务项目(如超市)可考虑与大型优质商超企业进行战略合作实现强强联合,公益服务、物业管理等板块采取直接管理模式,以提升服务区社会形象。

2. 开发步骤

针对新建的综合商体项目,首先要进行规划方案制定,明确综合商体开发的实施阶段安排,在此基础上,进行综合商体开发商业策划、房建设计。加强对规划方案和商业策划的评审,并选择有商业综合体设计经验的单位进行设计方案比选,确定最优建设方案。综合商体建设可以分期实施,但征地面积按规划目标一次征拆到位,同时要做好服务区综合楼远期拓展功能区面积预留。

针对已经运营需要改造提升的综合商体项目,首先要协商收回或共享服务区经营开发权,在此前提下,进行综合商体开发规划方案制定、商业策划、房建(扩建)设计。同样需要加强对规划方案和商业策划的评审,并选择有商业综合体设计经验的单位进行设计方案比选,确定最优建设方案。

3. 开发要点

一是提升综合商体的整体设计。综合商体外观可采用现代化的装修风格,亦可充分融入当地风土民情、历史文化展现特色建筑风格。服务区建设初期一般会有一定量的闲置土地,管理者不应该只局限于简单的绿化,可以开发种植采摘、田园垂钓等生态经济,打造自然景观,为顾客提供停留休闲的良好环境。融入智慧服务设计,建立服务区智慧管理、智慧运营和智慧服务系统,为顾客提供快捷高效的信息化和智能化服务。

二是升级商业功能。随着人们消费水平的提高,可引入轻奢奥特莱斯等品牌商场,酌情开设免税店及其他高品质购物板块。在服务区设施路线设置上进行合理布局,如将商场设计为去往洗手间的必经之路,可以有效促进消费。打造特色餐饮,可自主开发具有当地有特色的食物以吸引顾客,同时可通过招商,引进消费者所熟知的国内外著名餐饮品牌。根据服务区商业综合体开发的进程、客流结构的变化,合理设计中高低档餐饮。提供绿色餐饮,采购货物来源合法、安全,生产环节确保食品营养与卫生,餐厅的装饰重视环保无污染。实施"同城同价"营销策略,服务区超市、便利店所售全部商品与所在地区的便利店价格相同;名优土特产销价与原产地价格一样,真正体现品质经营、优质惠民。密切结合当地特色文化、特色饮食、特色景观,在便利店(超市)货品品目上开发地方特色食品和工艺品,设立体验馆,打造服务区商业品牌。

三是拓展休闲娱乐功能。服务区具有远离城市、交通便捷、停车方便、基础设施完善、接待能力强等优势,可拓展餐饮、住宿、休闲、会议、娱乐等全方位服务,打造成为节假日休闲度假旅游目的地。如服务区内可以设置网吧、咖啡厅、美容店、洗浴等娱乐场所和科普教育基地、儿童户外活动基地,满足不同顾客、家庭的需求与爱好;处于知名旅游景点附近的服务区(停车区、互通匝道出入口),可考虑打造自驾游营地,在营地内建设房车露营区、帐篷露营区、休闲活动体验区等,提供汽车旅馆客房、露营帐篷、烧烤设备租用等服务,吸引去往景点的自驾游者在此处停留和消费,服务区内还可设立旅游接待处和顾客咨询台,提供旅游资讯,出售旅游纪念品,提供联系景点导游、预订景点宾馆、分流景点游客等服务,更好地服务于游客。

二、广告业务开发

高速公路广告是指高速公路、高速公路用地范围内(包括高速公路服务区、立交桥的互通区、绿化带以及隧道口、隧道口上方等用地范围内)以及高速公路两侧除公路标志以外的,以高速公路使用者为受众群体的大型广告牌、广告塔、宣传牌、电子显示箱、灯箱、张贴字画、招牌、标牌、实物造型和其他广告标牌设施等。开发建议为:

1. 开发模式

公路经营管理者可将公路沿线及重要节点的广告位资源出租给广告经营公司实施统一开发,也可以结合自身实力采取股权合作或者自主经营开发模式。

2. 开发步骤

一是调查清楚项目所在区域对于高速公路沿线广告设置的政策导向,为项目广告业务开发奠定基础。

二是了解周边高速公路广告业务开发情况、收益情况及运作模式,为项目广告业务开发提供参考和借鉴。

三是结合项目车流量情况,预测广告业务收益,确定广告业务开发的合理规模。

四是在高速公路项目范围内选取适合设置广告牌的合理点位,注意充分利用收费站、服务区、跨线天桥、互通匝道等有利位置布设广告牌。

3. 开发注意事项

一是按照经济发达地段先投资、经济欠发达地段少投资的原则,拓展营销方式,加大与潜在区域广告客户合作,力争取得大中型客户广告代理权,确保稳定的广告客户。

二是注重在展现形式及展现内容上进行创新、凸显个性,摒弃以文字为主的广告形式,以富有创意、生动的广告画面提升高速公路户外广告的品质和表现力以及投放内容的精准度,吸引出行者的关注,建立广告品牌。

三是大力挖掘服务区的广告潜力,服务区的环境中可以容许有多种广告形式的存在,如纸媒(POP广告宣传彩页、广告宣传册等)印刷广告、灯光广告和分众视频广告等。

四是在开发经验不足的情况下,可尽早与专业的广告传媒企业接洽,探索合理开发模式,尽可能降低开发成本,提升开发收益。

第二节 融 合 经 济

一、公路与旅游业融合发展

高速公路投资者可开发的旅游资源内容,因高速公路沿线历史文化古迹、自然景观等旅游资源的不同而各异,具体开发内容包括:公路辐射区域内开发各类主题的特色旅游小镇、度假山庄、房车营地、儿童娱乐园、乡村旅游等旅游资源开发;在旅游公路上设置人行步道、骑行道、观景台、驿站、餐饮、特色超市、旅游咨询台、接待处,设立旅行社,开通直接发往景点的班车等,将服务区、驿站打造为市民旅游的目的地和中转站;与沿线旅游景区、酒店合作,景区、酒店给通行公路的车辆一定门票(或住宿)优惠,吸引更多车辆来旅游景区、酒店消费,实现双赢。投资者通过旅游资源开发,为游客提供吃、住、行、游、娱、购等全方位服务,以旅游资源开发收益反哺高速公路建设运营。开发建议为:

1. 前期做好交旅融合策划

注重在高速公路项目投资时洽谈获取旅游资源。高速公路作为连接外部与区域发展的重要交通通道,对促进当地经济和旅游产业快速发展具有重要意义。按照一些省市高速公路资金筹措政策,部分高速公路项目受益区县政府需配套一定资金或经营性资源,投资者应把握这一机会,与区县政府洽谈,公路周边以可开发经营的旅游资源给予配套。注重在高速公路优化设计时洽谈获取旅游资源。一些高速公路途经的区县具有丰富的旅游资源,地方政府希望拟建高速公路项目能在规划设计环节在当地增加出入口,以提升旅游资源开发价值,吸引更多游客。投资者可在调整优化设计方案的基础上,与区县政府洽谈,获取旅游资源开发权益。

关注历史人文、自然景观等稀缺性旅游资源,因地制宜打造交旅融合项目,设置多元化服务设施,拓展公路旅游功能,使旅游公路本身也成为特色旅游产品和旅游品牌,成为"风景中的风景"。

2. 开发模式

交旅融合项目涉及交通、旅游两个领域的经营管理能力,根据开发者的自身能力状况,可分为自主开发和联合开发两种模式。

自主开发模式。这种模式适用于投资者对掌握的旅游资源具有丰富的开发经验和能力,旅游资源项目体量和投资规模适中,投资者独立开发能够满足旅游资源项目近期和中远期开发需求。

联合开发模式。这种模式适用于投资者对掌握的旅游资源缺少足够丰富的开发经验和能力,或者旅游资源项目开发体量和投资规模较大,投资者一家难以对旅游资源实现有效的投资开发,需充分联合强有力的旅游设计机构、知名旅行社、财务投资人等相关专业机构的优势,实现优势互补,促进旅游资源经济效益的提升。随着国家不断深入推进交旅融合发展,许多地区交通企业联合文旅企业成立实体公司,如湖北交旅文化旅游发展有限公司、遵义交旅投资(集团)有限公司等,联合开发模式主体不断发展壮大。

3. 开发步骤

一是积极把握和挖掘高速公路沿线旅游资源。随着大众旅游时代的到来,地方政府纷纷开展旅游文化产业开发和招商引资。一方面,高速公路企业可积极参与沿线已经有一定游客基础、有一定知名度和品牌效应的旅游资源开发,对这些旅游资源的提档升级和配套设施进行投资,风险相对较小。另一方面,可充分利用高速公路投资和线路优化设计机会,同步考察周边具有投资价值的旅游资源,在项目初期即与沿线区县积极洽谈,以优惠的条件获取旅游资源开发权限,实施联合开发经营。对于投资者而言,在获取旅游资源时应充分关注旅游资源的成熟度,优先考虑具有一定成熟度的旅游资源提升改造项目,通过改造提升景区原有水、电、路等基础设施和旅游标识牌,对旅游景区周边的公共设施以及周边配套经营设施进行提档升级,建设配置充分的商业酒店、民宿、特色餐饮、游乐广场、停车场、自驾车房车营地、文化产业等,打造区域高端旅游产品和旅游产业链条。用相对稳定的旅游资源开发收益反哺高速公路项目投资,同时通过高速公路项目建设进一步带动旅游资源及相关产业开发收益。

二是积极引入专业机构开展论证设计。投资者应积极引入专业旅游开发设计公司开展详细的实地勘探、周边经济评估、开发方案策划、投资前景论证等专项工作,确保投资风险的最小化和投资收益的最大化。在深入评估旅游资源开发前景和可能的实施方案的基础上,明确投资开发空间和开发模式,确定选择"自主开发"或"联合开发"以及"大开发"(开发新旅游资源)和"小开发"(升级改造已有成熟旅游资源)等不同的投资策略。

三是尽早将旅游开发相关土地性质转变为商业用地。2015年12月,国土资源部联合住房和城乡建设部、国家旅游局印发了《关于支持旅游业发展用地政策的意见》(国土资规〔2015〕10号),明确提出:旅游相关建设项目用地中,用途单一且符合法定划拨范围的,可以划拨方式供应;用途混合且包括经营性用途的,应当采取招标拍卖挂牌方式供应。交旅融合项目不仅包括生态自然景观、公园绿地、交通等公共设施,还包括住宿、餐饮、文体娱乐等经营性设施,高速公路投资者应与地方政府明确相关建设用地性质转变为商业用地的具体程序、方式以及相关费用。

二、公路与物流融合发展

在高速公路服务区、出入口(特别是高速公路与城市接合部或者高速公路与国道交叉处),根据辐射区域产业需求,建设物流园区、物流中心,对于物流相对发达的区域,如有比较富裕的土地资源,建议优先考虑开发高速物流园区;如果物流需求相对单一,土地资源有限,考虑建设物流中心或仓储设施,发挥其仓储、货物装卸和中转功能,将土地出租给物流公司或探索与物流公司合作。利用公路服务区、收费站、高架桥下边角地带闲置土地进行仓储设施开发;开展智慧物流等业务,对于信息化水平、物流水平相对发达的地区,可考虑发展物流信息平台业务,进一步提升物流信息化增值服务能力。开发建议为:

1. 物流园区

高速路口物流园区可以有效实现零散运输与干线运输的有效衔接。同时,高速公路物流园区建设可以结合地区的物流政策情况,发展保税及自贸业务,抢占区域内优质的政策资源及高端物流进出口资源。物流园区运营成熟后,将会转变为区域货物集散中心,除物流产业进行集聚外,也会吸引大量区域内重要的生产加工企业,降低物流成本,依托高速公司物流园区形成若干成熟的产业链。高速公路物流园区建设可以有效带动高速公路通行费收入增长，获得园区运营收益，同时也可以获得土地资源开发收益。

位置选择。高速公路物流园区选择需兼顾土地和区域经济两个因素，应该优先选择土地成本低且面积大的高速公路出入口附近，同时也要结合路网辐射区域的经济特点，进行特色开发。投资者应注重在高速公路建设前期抢先低价购买出入口处土地的使用开发权，储备宝贵的土地资源。

开发模式。高速公路运营企业可以与专业的物流园区开发运营公司合作，由专业的物流园区运营公司来负责园区管理、市场开拓等，高速公路企业则为园区提供便捷的高速公路通行通道，提供广阔的园区场地。

功能定位。根据需要设置物流仓储、分拨运输、物流配送、流通加工、装卸搬运、包装服务、展示交易、信息服务、保税及海关监管、增值物流服务、综合配套服务等综合服务功能。另外，可以通过集成现代化的物流枢纽、物流服务运营商(第三方物流)和物流信息服务供应商，向客户提供一整套完整的现代物流解决方案。

2. 物流中心

利用服务区土地资源建立物流中心，依托全国高速公路网，充分发挥高速公路的"黄金通道"的优势，发展物流业务。可以与运输企业合作，将服务区作为物流集散地，充分发挥高速公路和运输企业的专业化优势，利用服务区点多面广、交通便利的特点及经营高速公路服务区的比较优势，将服务区作为小件货物的集散地，开展运输、仓储、配送、中转、包装、报关等综合性物流服务。这种前店后仓的模式，一方面可以活跃地区经济，带动公路车流量的增长，另一方面也可以依托高速公路的辐射作用，促进地区物流的高效集转。

3. 仓储设施

利用边角地带闲置土地建设仓储设施。高速公路的收费站、服务区和高架桥下有许多边角地带，通过整理改造，可以向社会提供货物装卸和中转服务。目前高速公路周边仓储物流产业发展属于自发状态，层次比较低。可以依托通道优势，加大资源整合，与区域优质资源和产业结构相适应，加强与国内外大型物流企业集团的战略合作，建成一批特色仓储物流基地，提升仓储物流产业层次。

三、公路与能源融合发展

依托高速公路服务区可以开展的能源业务包括加油站、加气站、充电站(桩)、加氢站等能源销售业务以及光伏发电等业务,具体可开发内容如下:一是加油站业务,其商业模式成熟、利润空间大、市场需求旺盛,可以在高速公路服务区、停车区、与国道交叉的出入口开发建设加油站;二是先行规划,在高速公路服务区预留用地,根据市场趋势择机建设加气站;三是充电站(桩)业务,电动汽车是未来汽车发展的重要方向,在高速公路服务区应逐步加大充电桩业务的开发建设力度;四是在高速公路沿线适宜布设的地方(公路服务区、驿站、收费站、停车场等场所的闲置用地、房顶、车棚)发展光伏发电技术,满足公路自用和余电上网;五是密切跟踪氢能源技术发展动态,在重点服务区预留加氢站建设用地,未来根据市场需求和技术成熟度择机建设加氢站。

总结典型高速公路企业开发能源业务的实践经验主要有以下几点启示:一是采取集中统一管理模式。成立专门的能源经营服务企业,统一规划、设计、建设、运营和管理服务区能源业务,形成规模效益。二是一路一策选择具体经营方式。根据项目所在地经济发展阶段和项目特点,连锁运营条件,当地能源供应情况,因地制宜,灵活选择自主经营、合作经营或者特许经营方式。三是统一规划,统筹开发。服务区能源业务包括加油站、LNG加气站、光伏发电、充电桩等,需要统筹规划,既把握机遇利用好当前资源,又要为后来发展留有空间。四是积极实施战略合作经营。加油站业务一般会选择大型石化企业进行战略合作;LNG加气站业务一般会选择大型燃气公司进行战略合作;充电桩业务一般会选择与国家电网公司进行合作。通过战略合作,充分发挥双方各自优势,降低经营风险的同时,提升企业经营效益。具体来说:

1. 加油站业务开发策略

高速公路企业实施加油站开发,要重点考虑以下因素:一是当地油品来源的难易程度;二是高速公路项目所处阶段(建设期或运营期),已运营项目的剩余经营期限;三是项目交通流量现状及其未来增长预测;四是服务区或者停车区加油站的分布情况;五是取得加油站经营资质的难易程度。

在高速公路投资运营初期,车流量不高,高速公路企业自身对油品经营业务还不熟悉,又要尽量控制前期投资时,可以选择与大型石化企业合作经营模式或短期限的特许经营模式(或租赁承包经营模式),在最大程度减少加油站投资风险的同时,还能够带来稳定的收益。

随着高速公路企业投资运营经验的不断丰富,项目进入稳定运营状态,油品来源渠道稳定的地区,可以实施加油站自主经营模式,获取加油站经营资质,不断发展自有品牌,逐步做强做大企业油品业务。

2. 加气站和充电桩业务开发策略

实施加气站和充电桩业务开发,要重点考虑以下因素:一是紧密关注新能源汽车领域有关的国家政策和地方政府扶持政策;二是充分调研项目所在地的LNG供应情况以及当地LNG加气站分布情况;三是充分调研项目交通量及大货车的通行比例,LNG车辆及电动车保有情况及变化趋势;四是关注充电桩与App技术的结合,充电桩智能服务以及充电桩业务与服务区其他业务的相互促进。

LNG属于清洁能源,是国家倡导和扶持的,建议对于在建和新建高速公路项目,可以采取LNG加气站与加油站统一规划,二合一建设模式。对于已经运营的高速公路项目,根据LNG市场供求情况,逐步增建LNG加气站。鉴于LNG本身耐用特点以及LNG车辆发展现状,不适宜每个服务区都建立LNG加气站。

新能源汽车发展速度较快,但是基数较小,因而开发充电桩业务宜采取逐步发展策略。具体可以采用先期规划、逐步实施策略。国家电网在这一领域具有技术与市场优势,高速公路企业可采取与国家电网战略合作经营的方式发展服务区充电桩(站)业务。

3. 光伏发电业务开发策略

光伏发电经营对政策依赖性较强,一般需要补贴才能赢利,同时受输电政策限制比较多,上网难度大,输电成本高,因此投入前期要充分了解国家和当地政府有关政策及未来政策趋势。

光伏发电业务一般采取高速公路企业自营模式。分布式光伏发电技术比较成熟,各地成功案例较多,可加强推广应用,重点发展车棚式光伏发电技术、服务区房顶和收费站房顶光伏发电技术,辅助发展高速公路路侧边坡光伏发电和高速公路匝道空地等闲置用地光伏发电。

可考虑光伏发电综合开发利用。如建设光伏车棚充电桩,将光伏发电与充电桩业务融合发展。对于中央分隔带宽度达到40多米的分离式长隧道,可考虑在隧道口中央分隔带里安装地面光伏系统用于隧道照明。

高速公路服务区用电高峰一般在11点至13点,光伏发电功率高峰一般在13点至15点,供给和需求间2个小时的时差大大降低了服务区光伏发电的经济效益;路基边坡安装的分布式光伏电站在发生交通事故时有对驾乘人员造成二次伤害的隐患;其他部位安装光伏电站也存在光污染影响驾驶员行车安全、发电效率衰减、光伏板影响环境景观等问题。因此,对光伏发电技术和市场的理解要充分、理性和客观,正确认识其优势和劣势以及适用性,项目开发前期建议开展深入评估。

4. 氢能服务业务开发策略

氢燃料电池汽车被视为未来清洁能源汽车的终极目标,但是由于技术和成本原因,氢能服务距离实际应用还有很长的时间。建议紧密关注氢能源领域国家政策和地方政府扶持政策,持续追踪和了解国内氢能源技术发展动态。在氢燃料电池汽车保有量较低情况下,一方面,对于新建和拟建高速公路,加油站、加气站、充电站(桩)、加氢站等配套设施要在高速公路服务区统筹规划考虑,留足发展空间;另一方面,要加强跟踪研究,审慎论证,可考虑加氢站试点建设,为氢能源汽车推广应用后提供加氢服务做好准备。

第三节 新兴经济

一、智慧交通开发

1. 智慧公路开发

按照交通运输部办公厅《关于加快推进新一代国家交通控制网和智慧公路试点的通知》(交办规划函〔2018〕265号)和《交通运输部关于推动交通运输领域新型基础设施建设的指导意见》(交规划发〔2020〕75号)有关要求,推进智慧高速公路建设:推动先进信息技术应用,逐步提升公路基础设施规划、设计、建造、养护、运行管理等全要素、全周期数字化水平。深化高速公路电子不停车收费系统(ETC)门架应用,推进车路协同等设施建设,丰富车路协同应用场景。推动公路感知网络与基础设施同步规划、同步建设,在重点路段实现全天候、多要素的状态感知。应用智能视频分析等技术,建设监测、调度、管控、应急、服务一体的智慧路网云控平台。鼓励应用公路智能养护设施设备,提升在役交通基础设施检查、检测、监测、评估、风险预警以及养护决策、作业的快速化、自动化、智能化水平,提升重点基础设施自然灾害风险防控能力。实施智慧公路建设开发应:

一是及时跟踪交通运输部相关政策导向及开展的试点示范,广泛了解国内外智慧公路建设成功案例,积极参与部推进智慧公路发展试点示范。

二是注重进行数据的收集积累,考虑开展数据中心建设,梳理所掌握的数据资源,为下一步智能功能拓展打好基础,进而针对具体业务提供更加精细化、精准化的服务。

三是不断完善外场感知设备。包括车检设备、视频设备等,可考虑与优质的互联网厂商合作,通过App获取更多感知数据。

四是在高速公路基础设施建设、运营管控等方面为可预见的技术发展预埋接口,做好未来接入智慧路网的充分准备。

2. 智慧服务区开发

建设智慧服务区运营管理平台，实现各业务系统的集成管理和经营管理即时动态管控，借助大数据对顾客的流量、餐饮选择、厕位占用情况进行监控，为服务区调整优化服务提供决策支持。推进融智能停车、能源补给、救援维护于一体的现代综合服务设施建设。拓展智慧服务功能，为顾客提供快捷高效的信息化和智能化服务，如实现服务区Wi-Fi全覆盖，建立厕位智能引导系统，布设智能终端（如智能查询机、彩票机、饮料机、交通违章查询机、云柜等多种自助设备），实现服务区消费多元支付（开通微信、支付宝等线上支付功能），探索引入自由扫码支付的无人售货便利店，拓展手机App预约消费和网上开房/退房等服务。

3. 开发高速公路智慧服务平台

建立高速公路智慧服务平台，使公路使用者能够通过车载导航、电台广播、移动应用等多种媒体手段了解到路况实时信息，道路封道和施工信息，道路图像或视频情况，遇到拥堵时的线路规划调整建议，服务区特色、停车位空余、油品（充电）服务、客房预订、汽修预订信息，周边旅游与名优土特产信息，通行费和法律法规查询等各种信息，为高速公路出行者提供智慧化的通行服务。

二、ETC数据开发

高速公路使用者、高速公路运行监管者和高速公路管理者是ETC数据的主要服务对象。进行ETC数据挖掘和开发利用，可支撑提高政府的监管力度及决策科学性、提高运营者生产效率及收入、提高出行者的出行满意度。

1. 开发为高速公路使用者提供服务的应用

为ETC用户以及高速公路使用者提供更丰富的出行信息服务、出行规划服务、收费信息定制，能进一步改善高速公路使用者的满意程度，吸引更多用户，从而增加高速公路经营企业收入。但用户需求的实现不仅需要ETC交易数据的支撑和其他相关数据的联合分析，也需要面向各类用户的服务渠道支持，可借助可变情报板、手机终端、调频广播等用户服务渠道，以高速公路使用者为主要服务对象，实现对不同类别用户的服务支撑。

2. 开发为高速公路企业提供服务的应用

ETC车道能给用户带来很大的便利，高速公路经营企业可通过ETC交易数据的获取和分析,为减少通行费收入的不当损失、争取政府补偿与政策支持、投资决策分析、保险等营销服务、供应链金融、特定用户画像分析等多个方面提供重要支撑。

一是利用高速公路 ETC 数据识别公路用户偷、逃、漏费问题,减少公路经营企业通行费收入不当损失。

二是监测高速公路项目运营收入情况,为 PPP 项目向政府争取有关政策、获得合理投资回报提供数据支持;也为高速公路运营企业向政府争取因节假日免费、绿色通道等政策造成的收入损失获取补偿提供数据支持。

三是分析拟投资高速公路项目相关区域交通需求,为高速公路企业投资决策提供支持。

四是利用 ETC 实名制的资源,开展车辆保险、加油、维修营销,使 ETC 车户拿到较低的折扣,高速公路企业也可以从中获取一定的服务费。

五是全面开展 ETC 金融服务,例如高速公路经营企业与银行和信用公司合作,为 ETC 车户通过 ETC 卡支付通行费、加油费、服务区其他消费等提供供应链金融服务,高速公路经营企业通过收取一定比例的服务费实现盈利。

六是利用各领域 ETC 应用大数据,进行用户行为分析,对车龄、路线、ETC 消费习惯等进行全方位的分析,描绘出用户画像,提炼出用户意向度、贷款需求度、品牌偏好、地域、用户年龄收入等重要线索,精准锁定相关领域潜在客户,有效促成市场交易。

3. 开发为高速公路监管者提供服务的应用

包括提供行程时间监测,为交通拥堵预判等提供数据支持,对交通规划和物流规划起着重要作用;提供交通流量监测,为交通预测和交通分配奠定基础;提供路段拥堵判别,实现路段拥堵分级,便于交通管理部门采取措施对拥堵路段进行疏导和管理;提供交通事故监控,结合道路监测视频信息等,实现对高速公路路段交通事故的监控。

实施高速公路 ETC 数据开发,应注意以下事项:

一是积极获取 ETC 数据资源。包括:全面分析 ETC 数据信息、数据的获取途径,充分挖掘 ETC 数据开发潜力。可积极与交通运输行业主管部门沟通,了解 ETC 数据购买、开发的相关政策规定。

二是积极策划 ETC 数据资源开发应用。包括:结合 ETC 数据,全面分析 ETC 用户和高速公路企业的 ETC 数据开发需求;积极开发 ETC 数据应用,为减少通行费收入的不当损失、争取政府补偿与政策支持、开展投资决策分析、进军保险和金融衍生业务提供支撑;推动 ETC 技术向高速公路服务区餐饮、超市、加油、加气、充电、汽车维修等领域应用拓展。

三是确定适宜的 ETC 应用开发模式。对 ETC 数据等进行后市场业务开发,是依托高速公路建设与运营形成的数据提供增值服务的重要方式。有关后市场业务开发,在数据获取整合上、应用系统开发上、项目推广应用上,都应积极寻求合作,共赢发展。

四是营造良好政策环境。广大高速公路经营企业应积极与交通运输行业主管部门沟通协调,反映高速公路 ETC 数据开发应用的潜力和价值。交通运输行业主管部门应高度重视高速公路 ETC 数据开发应用,出台有关指导意见,加强统筹规划,做好顶层设计,在保证数据安全的情况下,适度开放部分 ETC 数据资源,营造促进 ETC 数据开发的良好政策环境。

第四节 资源经济

一、土地资源——高速公路与城市土地复合利用

结合城市发展需求,对临近城市区域的高速公路互通立交等路段进行交通改造,实施集立交改造、上盖绿化、住宅(或商业)开发"三位一体"的综合开发,释放出更多存量土地资源,走集约节约的内涵挖潜式发展道路。具体来讲,包括:

一是结合城市发展需求,对原有互通立交进行优化改造,在满足交通组织需求、保证交通安全的情况下,尽可能压缩立交用地,释放更多可供再利用的城市用地。

二是可在立交上盖建设空中市政公园,不仅有效减缓高速公路对开发地块带来的环境影响,而且为周边住宅居民提供高绿化率、景致优美的休闲运动空间,让两侧的城市空间更加紧密、耦合,提升整体片区环境价值,从而提高周边地块价值。

三是利用立交综合改造释放出的城市土地及周边土地,实施综合房地产开发或者其他商业开发,获取土地开发收入,反哺高速公路建设发展。

四是实施高速公路主要节点综合改造与城市土地复合利用开发,应充分结合周边城市发展需求,综合考虑改造成本及未来综合开发价值;要充分争取沿线地方政府支持,争取将一定比例土地出让金返还给高速公路经营企业,提早将土地用地性质由交通设施用地调整为城乡建设用地等,为实施房地产或其他商业开发做好用地准备。

二、管线资源——通信设施租赁

随着 5G 时代来临,数据通信需求快速增长,高速公路通信管道成为稀缺资源。当高速公路通信管线能够保证很好地为高速公路自身提供各类服务的前提下,可以租赁方

式将高速公路通信管线租赁给沿线和周边通信企业、工商企业等,按规定收取一定的租金等。

一是在规划建设中预留好发展空间。在高速公路工程建设时,同步规划同步建设通信管线设施,并考虑为未来发展预留空间,适当增加硅芯管预埋数量。

二是最大限度地做好通信设施综合开发利用。可将高速公路经营企业已建成的通信管线直接租赁给通信公司或其他有通信需求的企业;也可以与通信公司合作,由其负责建设并享有一定时期内的通信管线经营权,建成后由高速公路回租部分管线用以满足自身需要,剩余管线由通信公司经营其他业务;经营期满后,由高速公路经营企业收回通信管线经营权并经营,除满足自身需要外,还可以将富余通信管线出租给通信公司或者其他有通信需求的企业。

三是探索高速公路综合信息管廊开发。在满足高速公路系统需求的前提下,可利用富余通信资源依法开展增值服务,服务云计算、大数据、无人驾驶等。

三、空间场地资源——停车场开发

依托高速公路空闲场地资源建设停车场主要内容如下:

一是依托高速公路服务区(或停车区)配套建设停车场,虽然根据国家有关规定此类停车场需免费提供,但可以通过优化设计,开发停车诱导系统等实现智能停车,从而吸引更多的车流,间接增加通行费收入和服务区消费收入。

二是依托高速公路互通区开发建设的综合商体,需要配建一定数量的停车场,此类停车场可收取停车费实现盈利。

三是途经城市繁华地段、旅游景区的高速公路互通区及高架桥下边角土地,有条件的可以开发为停车场,此类停车场可收取停车费实现盈利。

四是结合高速公路周边物流业务发展需求,在高速公路出入口附近或者高速公路与国省道交叉区域,建设物流停车场,此类停车场可收取停车费实现盈利。

五是配合房车营地项目开发,建设房车营地停车场,与普通停车位相比,房车停车位除在规格上有所不同外,还需要配齐接电孔、自来水管孔、污水管孔,以便为房车上人员提供洗澡、做饭、卫生间等功能,此类停车场可收取停车费实现盈利。

六是在收费站出入口附近,建设房车管养停车场,主要服务于城市居民工作日停放及维修、保养房车,节假日出行,此类停车场可收取停车费和保养、维修费实现盈利。

依托高速公路资源建设停车场有关建议如下:

一是开发资源挖掘。结合高速公路项目出入口、互通区、收费站、高架桥等可开发停车场的空间场地资源,调查周边停车需求(城市停车需求:上班、上学、就医、居住、休闲购物等,旅游景区停车需求和物流停车需求),在有相应停车需求的地点开发建设停车场。

二是开发模式选择。结合公司和当地实际情况,选取适合的开发模式,开发建设停车场。对于预期收益显著的停车场,可自主开发经营;对于停车场的盈利情况与当地实际情况密切相关的,可联合当地有关企业共同开发;对于预期收益不明朗的停车场,可承包或租赁给个人或其他企业经营者,收取一定租金。

三是与政府合作开发。对高速公路沿线市县区域的停车场进行整体开发时,可以与当地政府沟通洽谈,对该区域停车场进行整体综合规划、开发,可与当地政府所属企业合作设立停车场投资运营平台,充分发挥当地企业熟悉情况的优势,共同对该区域停车场实施片区整体开发。

四、林牧业资源——绿色种植(或养殖)业务

绿色种植(或养殖)开发的主要内容如下:一是在有条件的高速公路两侧种植经济效益高的树木,如红豆杉、水杉、樟树等,也可种成材快、经济效益明显的经济林;二是在盛产中草药的地区高速公路的边坡和荒草地上套种经济价值高的中药材;三是在具备安全出入条件的高速公路互通区(设置有工作人员进出通道)匝道圈内的闲置土地上发展农产品种植或者苗圃种植;四是在公路高架桥下的水面开展特色渔业养殖,如鳝鱼、胡子鲶、小龙虾、牛蛙等;五是公路偏远路段的闲置用地,可开展有特色的种植业、养殖业。

依托高速公路闲置资源开发绿色种植(或养殖)的有关建议:

一是调查可开发资源。调查高速公路项目可进行绿色种植、养殖的闲置土地资源、水面资源,了解进行种植业、养殖业开发的相关政策,调查区域的气候特点、土壤条件,锁定有开发条件的经济作物、渔业、畜牧业等。

二是结合项目实际选择合适的开发模式。对于具有规模优势的项目,可以采取高速公路公司自主开发经营的模式。对于零星的、分散的土地资源可以采取承包或租赁给当地农民或者开展苗圃种植的企业的方式。

参考文献

[1] 张星,孙建平,李胜.BOT项目风险的模糊综合评价[J].上海经济研究,2004(10):69-73.

[2] 贾元华,董平如.高速公路建设与管理[M].北京:北方交通大学出版社,2002.

[3] 王作功,贾元华,等.基于模糊综合模型的收费高速公路投资风险评估研究[J].中国安全科学学报,2005(10):15-18.

[4] 曾民.我国高速公路特许经营风险分析[J].企业技术开发,2005(5):75-76.

[5] 张卫军,葛折圣.广州市增从高速公路投资风险评价[J].市政技术,2006(4):269-271.

[6] 蒋绍云.高速公路项目投资决策要点研究[D].北京:对外经济贸易大学,2005.

[7] 曹等胜.高速公路PPP项目社会资本方投资决策研究[D].昆明:云南大学,2021.

[8] 王金凤,关键,付大恭,等.高速公路衍生产业发展策略研究[J].科技成果,2006(5).

[9] 李茜.高速公路衍生产业行政主体研究[D].西安:长安大学,2008.

[10] 刘宇春.高速公路衍生产业发展的规律及存在问题[J].中国市场,2013,30(745):145-147.

[11] 李沁芸.基于价值逻辑的路衍经济商业模式研究[D].昆明:云南大学,2008.

[12] 徐兴爱.高速公路服务区的经营管理[J].山东交通科技,2002,2:88-93.

[13] 李燕玲,王乐勇.高速公路服务区的经营与管理[J].科技信息,2008,16:480.

[14] 司应科.甘肃省高速公路服务区实行连锁经营的探索与思考[J].交通企业管理,2010,10(266):19-21.

[15] 沈雪梅.高速公路观光休闲园区功能定位与经营发展前景研究[D].昆明:云南大学,2012.

[16] 唐军.高速公路服务区运营研究——以湖北省为例[D].武汉:华中师范大学,2013.

[17] 谢家清.运用互联网思维推动企业转型升级——关于福建省高速公路创新商业模式的探讨[J].交通财会,2014,12(329):4-9.

[18] 朱心齐.河南省高速公路服务区管理模式创新研究[D].郑州:河南工业大学,2016.

[19] 王海霞,褚春超,刘洋,等.高速公路路衍经济开发与政策建议[J].交通运输研究,2019,2(5):16-23.

[20] 吴东平,何冬梅,刘兵.高速公路路衍经济产业模式与投资模式研究[J].交通企业管理,2019,1(353):8-10.

[21] 陈建军,王霄汉.内蒙古地区高速公路路衍经济差异化开发探索研究[J].交通世界,2019,29(515):9-15.

[22] 王利彬,翁燕珍,姚春宇.公路供给制度面临转变——浅析《财政部、交通运输部关于在收费公路领域推广运用政府和社会资本合作模式的实施意见》对公路行业发展的影响[J].中国公路,2015,(11):58-61.

[23] 虞明远.《收费公路管理条例》修订要点解读[EB/OL].(2021-05-19)[2023-03-10].http://www.chinahighway.com/article/65389293.html.

[24] 交通运输部.关于《财政部交通运输部关于印发〈车辆购置税收入补助地方资金管理暂行办法〉的通知》的解读[EB/OL].(2021-04-14)[2023-03-10].

[25] 廖文洲.游客眼中的日本服务区[EB/OL].(2014-05-27)[2023-03-10].http://www.mzyfz.com/cms/guanzhujiaotong/xinwenzhongxin/jiaoguandongtai/html/1116/2014-05-27/content-1033560.html.

[26] 石东浩,周江.国内外高速公路服务区比较[J].中外建筑,2013(07).

[27] 雨过天晴.设施应有尽有世界最大卡车加油服务区[EB/OL].(2009-12-01)[2023-03-10].http://www.360che.com/news/091201/8215.html.

[28] 高速网.赴英法取经:浅谈高速公路服务区设计与管理[EB/OL].(2015-10-19)[2023-03-10].http://news.cngaosu.com/yunying/jyfw/2015/10/29113.html.

[29] 新浪博客.英国高速公路服务区(英国之行二十五)[EB/OL].(2014-12-21)[2023-03-10].http://blog.sina.com.cn/s/blog_5654a17c0102v51p.html.

[30] 韩伟.山东高速服务区备战"五一":做温馨驿站品好客之风[EB/OL].(2016-04-29)[2023-03-10].http://www.dzwww.com/xiaofei/ttxw/201604/t20160429_14218775.htm.

[31] 中国公路学会.推动"司机之家"建设、提质,中国公路学会承担新使命[EB/OL].(2019-08-22)[2023-3-10].https://www.sohu.com/a/335638939_816710.

[32] 百度百科.赤水河谷旅游公路[EB/OL].(2022-03-30)[2023-03-10].https://baike.baidu.com/item/%E8%B5%A4%E6%B0%B4%E6%B2%B3%E8%B0%B7%E6%97%85%E6%B8%B8%E5%85%AC%E8%B7%AF/20278432?fr=aladdin.

[33] 车游天下.赤水河谷旅游公路,河谷之中,绿水之畔遍赏黔地山水秀美风光![EB/OL].(2018-09-27)[2023-03-10].https://www.sohu.com/a/256447555_701865.

[34] 中国交通新闻网.山西推进"四好农村路"和三个一号旅游公路建设五年投资一千二百亿元新改建两万九千四百公里[EB/OL].(2021-07-15)[2023-03-10].http://www.ctba.org.cn/list_show.jsp?record_id=288061.

[35] 章轲.黄河长城太行三大板块旅游公路,千亿投资给山西带来了什么?[EB/OL].(2020-09-07)[2023-03-10].https://www.yicai.com/news/100763323.html,2020-09-7.

[36] 小小西瓜C.中国已建成的第一个可以露营的高速公路服务区,就位于重庆石柱[EB/OL].(2019-06-04)[2023-03-10].https://baijiahao.baidu.com/s?id=1636315538802256138&wfr=spider&for=pc.

[37] 游旅行网.高速服务区也能成国家3A景区?这是山东第一个[EB/OL].(2017-12-28)[2023-03-10].http://k.sina.com.cn/article_6401823130_17d94119a001002aru.html.

[38] 百度百科.福建高速物流园[EB/OL].(2012-10-01)[2023-03-10].https://baike.baidu.com/item/%E7%A6%8F%E5%BB%BA%E9%AB%98%E9%80%9F%E7%89%A9%E6%B5%81%E5%9B%AD/8358503?fr=aladdin.

[39] 余丽.杭州:鸡肋土地变废为宝[EB/OL].(2016-05-31)[2023-03-10].http://zjrb.zjol.com.cn/html/2016-05/31/content_2976290.htm?div=-1.

[40] 山东省交通运输厅.齐鲁交通发展集团与京东联手打造智慧创新高速公路物流体系[EB/OL].(2018-05-31)[2023-03-10].http://www.its114.com/html/news/company/2018_05_94454.html.

[41] 刘华.粤运交通首批能源油站年底营运[EB/OL].(2016-12-20)[2023-03-10].

https://www.sohu.com/a/122071594_114731.

[42] 各界新闻网-各界导报.做强企业服务民生谱写新时代追赶超越新篇章——陕西燃气集团2018年改革发展十大亮点[EB/OL].(2019-01-27)[2023-03-10].http://www.gjnews.cn/yuanchuang/2019/25167.html.

[43] 浙江交通投资集团有限公司.浙交能源常山服务区LNG加气站盛大开业[EB/OL].(2019-07-31)[2023-03-10].http://www.cncico.com/search.html?id=5712591.

[44] 郑莉.安徽:高速公路服务区充电设施实现全覆盖[EB/OL].(2018-01-14)[2023-03-10].http://www.gov.cn/xinwen/2018/01/14/content_5256486.htm.

[45] 中安在线.安徽省交通控股集团所辖服务区全覆盖建成电动汽车充电桩[EB/OL].(2018-01-16)[2023-03-10].http://k.sina.com.cn/article_1943154142_73d22dde020002zmb.html?cre=tianyi&mod=pcpager_auto&loc=37&r=9&doct=0&rfunc=100&tj=none&tr=9&from=news&subch=onews.

[46] 香橙会研究院.截至2020年12月底,中国累计建成118座加氢站[EB/OL].(2021-01-07)[2023-03-10].http://www.nengyuanjie.net/article/44744.html.

[47] 柏俊.高速公路广告经营权如何维护——从沪宁高速公路户外广告的现状说开去[J].广告大观(综合版),2005.

[48] 王丽莉,于浩翰.高速公路服务区开展物流服务的可行性研究[J].科技创新与应用,2013.

[49] 权小勤,任娜,尹建坤.高速公路服务区发展物流的优势及构想探讨[J].商场现代化,2008.

[50] 赵昕,石琼.开展高速公路服务区物流服务的制度可行性研究[J].中国物流与采购,2018.

[51] 张琛.高速公路服务区经营开发与功能拓展[D].西安:长安大学,2013.

[52] 闫周秦.高速公路服务区性质与功能研究[D].西安:长安大学,2015.

[53] 喻新安,宋春雷.路域经济——高速公路引领区域发展[M].北京:经济管理出版社,2013.

[54] 王海霞,褚春超,刘洋,等.高速公路路衍经济开发与政策建议[J].交通运输研究,2019,5(1):16-23.

[55] 陈锋.以京港澳高速京石段为例研究高速公路衍生产业发展策略[J].交通世界,2012(9):150-151.

[56] 关健.高速公路衍生产业发展策略分析[D].武汉:华中科技大学,2006.

[57] 黄婷,田勇.杭绍甬高速打造中国首条"智慧高速"[EB/OL].(2019-12-02)[2023-03-10].http://www.xiaoshan.gov.cn/art/2019/12/2/art_1302903_40702919.html.

[58] 吴盈秋.杭绍甬高速将成全国首条超级高速公路有啥亮点[EB/OL].(2018-02-03)[2023-03-10].https://baijiahao.baidu.com/s?id=1593173327239932350&wfr=spider&for=pc.

[59] 山东省国资委.全国首家智慧型体验式高速服务区在山东泰安开业[EB/OL].(2017-12-13)[2023-03-10].http://www.sasac.gov.cn/n2588025/n2588129/c8339221/content.html.

[60] 别坤.发现ETC数据潜力[J].计算机世界,2013,31:11.

[61] 湖北省交通运输厅.湖北高速公路系统打出组合拳封锁通行ETC逃费漏洞[EB/OL].(2015-08-12)[2023-03-10].http://www.hubei.gov.cn/hbfb/bmdt/201508/t20150812_1509230.shtml.

[62] 刘潇潇.货车帮ETC发卡破136万张 稳居货车ETC合作发卡方首位[EB/OL].(2018-02-03)[2023-03-10].http://www.ce.cn/cysc/jtys/gonglu/201802/03/t20180203_28037951.shtml.

[63] 周铁峰,林焕生,等.大型交通工程关键节点多功能综合社区开发新模式[J].国企管理,2020,1:6-25.

[64] 四川省公共资源交易平台.川高系统部分高速公路通信管道对外公开租赁项目(第二次)招标公告[EB/OL].(2021-01-04)[2023-03-10].http://ggzyjy.sc.gov.cn/jyxx/002001/002001001/20210104/224b73a1-4a6f-44fb-b0c8-4febcc5196cf.html.

[65] 四川省公共资源交易平台.川高系统部分高速公路通信管道对外公开租赁项目GDZL2020标段中标候选人公示[EB/OL].(2021-01-28)[2023-03-10].http://ggzyjy.sc.gov.cn/jyxx/002001/002001006/20210128/c41902fc-c491-49c2-9085-b64075aa634b.html.

[66] 中广网.缓解交通拥堵:兰州城区出入口将建成七座停车场[EB/OL].(2010-11-10)[2023-03-10].http://gs.cnr.cn/gdxw/201011/t20101110_507296734.html.

[67] 廖亮,张伟.山东将在高速入口附近建危化品车专用停车场[EB/OL].(2017-09-30)[2023-03-10].http://news.iqilu.com/shandong/yaowen/2017/0930/3700265.shtml.

[68] 上海市嘉定区人民政府.嘉定首个高架桥下公共停车场正式启用[EB/OL].(2016-08-26)[2023-03-10].http://www.jiading.gov.cn/mspd/shgj/content_271790.

［69］张浩.高速公路沿线"绿意"初显［EB/OL］.（2015-11-01）［2023-03-10］.http：//www.lpswz.com/09news/2015/11/01/content_465962.htm.

［70］城镇化新视野.路衍经济全景预览及投资策略分析［EB/OL］.（2021-07-26）［2023-03-10］.https：//baijiahao.baidu.com/s?id=1706312341970434841&wfr=spider&for=pc.

［71］湖北长江路桥有限公司.路衍经济［EB/OL］.（2017-02-22）［2023-03-10］.http：//www.hbcjlq.com/index.php?m=content&c=index&a=show&catid=14&id=2473.

［72］王昌,翁剑成,袁荣亮,等.基于ETC数据的高速公路应用服务框架研究［J］.道路交通与安全,2016,16(6)：34-39.

［73］中国交通信息化.盘点全国九个试点地区智慧公路进展情况［EB/OL］.（2021-08-14）［2023-03-10］.https：//www.sohu.com/a/483433568_468661.

［74］郭王虎.智能车需要智慧路国内外智慧公路大盘点［J］.智能网联汽车,2020,5：36-39.